TABATA AMARAL

NOSSO LUGAR

O CAMINHO QUE ME LEVOU
À LUTA POR MAIS MULHERES
NA POLÍTICA

COMPANHIA DAS LETRAS

Copyright © 2020 by Tabata Cláudia Amaral de Pontes

Grafia atualizada segundo o Acordo Ortográfico da Língua Portuguesa de 1990, que entrou em vigor no Brasil em 2009.

Capa e projeto gráfico
Alceu Chiesorin Nunes

Revisão
Carmen T. S. Costa
Jane Pessoa

Dados Internacionais de Catalogação na Publicação (CIP)
(Câmara Brasileira do Livro, SP, Brasil)

Amaral, Tabata
  Nosso Lugar : o caminho que me levou à luta por mais mulheres na política / Tabata Amaral — 1ª ed. — São Paulo : Companhia das Letras, 2020.

  ISBN 978-85-359-3360-4

  1. Direito das mulheres – Brasil 2. Mulheres na política – Brasil 3. Política – Brasil I. Título.

20-36246   CDD-323.340981

Índice para catálogo sistemático:
1. Mulheres na política : Brasil : Ciência política   323.340981

Cibele Maria Dias – Bibliotecária – CRB-8/9427

4ª reimpressão

[2022]
Todos os direitos desta edição reservados à
EDITORA SCHWARCZ S.A.
Rua Bandeira Paulista, 702, cj. 32
04532-002 — São Paulo — SP
Telefone: (11) 3707-3500
www.companhiadasletras.com.br
www.blogdacompanhia.com.br
facebook.com/companhiadasletras
instagram.com/companhiadasletras
twitter.com/cialetras

Para minha mãe, meu pai e todos os professores que me ajudaram a conquistar o direito de sonhar.

SUMÁRIO

Prefácio — Por que precisamos falar
sobre mulheres na política 9

O direito de sonhar 15
Encontrando o meu lugar 57
Do propósito ao ativismo 99
Ocupando a política 125
A luta por mais mulheres na política 153

Agradecimentos 181
Notas 185
Sobre a autora 187

PREFÁCIO

POR QUE PRECISAMOS FALAR SOBRE MULHERES NA POLÍTICA

Bem no comecinho da minha campanha eleitoral, uma senhora me perguntou se eu tinha algum comprovante de que era candidata. Essa era a primeira vez que eu participava de uma eleição e, por isso, ainda estava tentando descobrir a melhor forma de abordar as pessoas na rua. Especialmente nos primeiros dias, eu entregava os panfletos bastante acanhada, quase pedindo desculpas, enquanto tentava resumir minha trajetória e minhas propostas nos poucos segundos que, com sorte, alguém parava para me ouvir. Não lembro onde eu estava nesse dia, provavelmente em um ponto de ônibus ou em uma avenida, mas nunca vou esquecer a cara que aquela senhora fez, deixando claro que achava muito improvável que eu fosse mesmo candidata.

Diante da pergunta inesperada e sem nenhum comprovante em mãos, respondi, desconcertada, que poderia não parecer, e que de fato era pouco comum, mas não estava escrito em lugar nenhum que pessoas como eu não podiam se candidatar. Ela simplesmente saiu andando, e eu nunca vou saber se acreditou em mim ou não. O fato é que passei a repetir, mais para mim mesma do que para os outros, todos os dias, a resposta que dei a ela.

Eu só vim a entender o porquê daquela pergunta algum tempo depois. Aquela senhora muito provavelmente nasceu em uma época em que todos, inclusive a lei, deixavam bem claro que política não era para as mulheres. Afinal de contas, faz pouco tempo que nós conquistamos o direito de votar e sermos eleitas. A escritora inglesa Mary Wollstonecraft (1759-97) foi a grande pioneira na defesa do voto feminino. No entanto, o primeiro país democrático a reconhecer esse direito foi a Nova Zelândia, no ano de 1893, depois de uma intensa luta liderada pela feminista neozelandesa Kate Sheppard (1848-1934). Após uma longa batalha, o sufrágio feminino também foi conquistado na Inglaterra, em 1918.

No Brasil, essa conquista começou em 1927, quando a lei estadual nº 660 reconheceu o direito das mulheres de votar e serem eleitas no Rio Grande do Norte. Em 1929, na cidade potiguar de Lajes, Alzira Soriano (1897-1963) foi a primeira mulher a se eleger prefeita em toda a América Latina. Três anos depois, em 1932, durante o governo de Getúlio Vargas (1882- -1954), o voto feminino foi instituído em todo o país. No entanto, havia a condição de que, para votar, as mulheres casadas precisavam receber autorização do marido e as viúvas ou solteiras deviam ter renda própria. Em 1933, a paulista Carlota Pereira de Queirós (1892-1982) tomou posse como a primeira deputada federal do Brasil. Em 1934, as restrições ao pleno exercício do voto feminino foram eliminadas e, em 1946, o voto passou a ser obrigatório para todas as mulheres.

Desde então, as mulheres vêm, pouco a pouco, conquistando seu lugar na política. Um exemplo muito simbólico é que um banheiro feminino só foi construído no plenário da Câmara dos Deputados durante a Constituinte de 1988. Mais surpreendentemente ainda, o plenário do Senado recebeu o seu primeiro banheiro feminino apenas em 2016, 55 anos depois da construção do Congresso. Até então, as senadoras tinham de deixar o plenário para usar o toalete.

Por mais dura que tenha sido a luta por espaço até aqui, ainda temos um longo caminho pela frente. Apesar de muitos estudos já terem demonstrado que o país será melhor para todos quando retirarmos as barreiras ainda existentes e permitirmos que as mulheres participem da política em pé de igualdade, essa mudança ainda pode levar muito tempo. Ao compartilhar o caminho que me levou a me candidatar e ser eleita deputada federal aos 24 anos, espero contribuir para que muitas outras trajetórias possam se somar a essa luta. Só assim a minha geração poderá ver concretizado o sonho de que a política seja, de fato, um lugar para todos e todas.

O DIREITO DE SONHAR

Esta história começa em uma cidade do interior da Bahia, chamada Iaçu, quando minha mãe, Maria Renilda Amaral Pires, mais conhecida como Reni, a mais nova dentre mais de vinte irmãos, decidiu ir para São Paulo em busca de melhores condições de vida. Ela começou a estudar tarde e, por isso, já tinha dezessete anos quando entrou na quinta série em uma escola estadual na capital paulista.

Quando ela chegou, os seus irmãos que já estavam em São Paulo decidiram que minha mãe teria mais condições de estudar e trabalhar se, em vez de ficar com eles em São Miguel Paulista, bairro da periferia da zona leste, ela morasse com uma senhora, com quem um dos meus tios havia tido um relacionamento, no Sumaré, bairro nobre da zona oeste. Minha mãe estudava de manhã e, depois do almoço, ia para o trabalho. Às sextas-feiras, porém, ela era obrigada a faltar à escola para limpar o apartamento onde morava, faxina que continuava aos domingos, seu dia de folga do trabalho. Minha mãe tinha que entregar todo o seu salário para essa senhora e era proibida de se comunicar com os irmãos, e os poucos que sabiam da situação não faziam nada a respeito. Na escola, as coisas não eram muito melhores, pois ela sofria muito preconceito, especialmente por causa do sotaque.

Minha mãe trabalhava como vendedora na livraria Siciliano e logo se tornou muito amiga da sua gerente, Raquel dos Anjos Vieira. Por muito tempo, a Raquel tentou convencê-la a permitir que o valor da comissão de vendas fosse depositado em uma conta separada, à qual a senhora com quem a minha mãe morava não teria acesso, mas as ameaças constantes e o medo fizeram com que ela nunca aceitasse as diferentes soluções que a Raquel apresentava. Ainda assim, a amizade das duas foi muito importante para a minha mãe. Foi a Raquel, por exemplo, ao levá-la para almoçar fora e lhe comprar flores, que ensinou a ela que aniversários deveriam ser valorizados. As duas trabalharam juntas por muito tempo, e, quando certo dia a minha mãe ligou para avisar que havia passado mal e chegaria atrasada, a Raquel foi a primeira a suspeitar que ela estava grávida e recomendar que fosse ao médico. A Raquel foi uma das pessoas que mais apoiaram a minha mãe durante a gravidez e quem a ajudou a montar um pequeno enxoval para mim quando eu nasci.

Pouco mais de um ano depois de a minha mãe chegar a São Paulo, minha avó materna, Elza, faleceu. Ela teve uma vida muito sofrida e contava apenas 59 anos quando morreu. Minha avó gostava de estudar e estava apaixonada, quando, obedecendo ao seu pai, deixou seu amor e seus sonhos para trás, se casou com o meu avô, Trajano, contra a própria vontade, e criou os sete filhos que ele havia tido em seu primeiro casamento, além dos doze que tiveram juntos. Mesmo com uma vida marcada pelas traições do meu avô, que teve pelo menos outros dois filhos fora do casamento, todos os meus tios, inclusive os que não são filhos biológicos da minha avó, dizem que ela era uma mulher muito boa e inteligente. Eu tenho certeza de que a amaria muito se a tivesse conhecido.

Alguns meses depois da morte da minha avó, minha mãe encontrou sua irmã Edite em um trajeto de ônibus, de forma completamente inesperada. Minha tia havia acabado de chegar da Bahia e as duas choraram muito ao se verem. Quando ficou sabendo de tudo o que estava acontecendo, tia Edite falou com os seus patrões e disse que trabalharia exclusivamente para eles pelo mesmo preço que cobrava para limpar a casa uma vez por semana se ela pudesse dividir o quartinho que havia no apartamento com a irmã. Foi assim que, após quase dois anos vivendo com aquela senhora, minha mãe finalmente conseguiu se libertar dos abusos que sofria e foi morar com a irmã.

Por causa da idade, minha mãe pulou algumas séries e já estava na metade do ensino médio quando, quatro anos depois de ter chegado a São Paulo, engravidou de mim. Ela não pôde contar com o apoio do meu pai biológico, tampouco com a compreensão de boa parte dos seus irmãos. Dentre aqueles que a ampararam, sua irmã Edite foi novamente a principal exceção. Nessa época, a minha tia estava prestes a sair do emprego e, por isso, minha mãe passara a morar com um dos seus irmãos em São Miguel Paulista. Quando ele soube da gravidez, expulsou-a de casa. Diante disso, minha tia Edite decidiu continuar no mesmo trabalho por mais algum tempo, para que a irmã pudesse ficar com ela. Com três meses de gestação, minha mãe conheceu o homem que, por escolha, se tornaria meu pai.

Olionaldo Francisco de Pontes, mais conhecido como Naldo, era filho de paraibanos, mas foi criado pelos tios em São Gonçalo, no Rio de Janeiro. A minha avó paterna, Lisete, era professora de português em uma pequena cidade do interior da Paraíba, chamada Itabaiana. Quando estava esperando o seu terceiro filho, foi abandonada pelo esposo. Seu desespero foi tão grande que, quando o meu pai nasceu, ela o entregou para um irmão, que, mesmo morando em outro estado, concordou em criar o sobrinho. Eu me lembro de o meu pai contar que dormia em um quartinho improvisado embaixo da escada na casa dos tios, que volta e meia apanhava e que desde pequeno tinha que sair de casa cedo para ajudar o tio no trabalho, em uma padaria. Aos dezesseis anos, ele fugiu de casa para conhecer a mãe e, pedindo carona, chegou à Paraíba. Depois de conhecer a minha avó, encontro que meu pai dava a entender não ter sido fácil, ele foi para São Paulo morar com o irmão. Aos dezoito anos, ele se mudou para uma pensão.

Meus pais se conheceram quando meu pai foi contratado como vendedor na mesma livraria em que a minha mãe trabalhava. Ele já havia deixado os documentos em uma loja de roupas que acabara de admiti-lo quando viu uma placa com o anúncio "Precisa-se de vendedor" na unidade da livraria Siciliano que ficava próxima à estação de metrô São Bento, no centro da cidade. Como ele gostava de ler, não teve dúvidas quando recebeu a sua segunda proposta naquele dia. O meu pai sempre dizia que se apaixonou pela minha mãe no momento em que a viu. Quando ele descobriu o que havia acontecido e o porquê de ela chorar tanto, procurou-a para conversar. Não demorou para que começassem a namorar e logo decidissem morar juntos. Na época, meu pai, pedindo informações ao dono de uma banca de jornal sobre onde poderia comprar um ferro de passar roupa, descobriu que este tinha um quartinho para alugar em sua casa. Foi assim que, apenas seis dias depois de se conhecerem, meus pais se mudaram para a Vila Missionária, bairro da periferia da zona sul de São Paulo, próximo da represa Billings. Meus pais viveram de aluguel nesse quartinho até começarem a construir uma casa sobre um escadão público na mesma rua. Na época, a região estava passando por um grande processo de ocupação. Poucas ruas eram asfaltadas e muitas casas não tinham acesso a eletricidade, água ou saneamento.

Quando a minha mãe o conheceu, o meu pai já bebia muito, e a situação foi piorando com o tempo. Ainda pequena, eu usava calendários, daqueles que ganhávamos no mercado todo final de ano, para marcar com um X os dias em que meu pai ficava sóbrio.

Naquela época, nós não sabíamos que a dependência química é uma doença complexa e não tem nada a ver com quão boa ou esforçada a pessoa é.

Sempre que as coisas apertavam, os primeiros a nos ajudar eram a tia Carmem e o tio Sebastião, nossos vizinhos que, apesar de não serem nossos parentes, eu sempre chamei de tios, assim como os amigos que minha mãe foi fazendo na igreja e na escolinha comunitária de freiras onde eu e meu irmão, que nasceu um ano e três meses depois de mim, estudávamos. Foi na paróquia São Francisco Xavier, fundada pelos missionários e missionárias italianos que inspiraram o nome do meu bairro, Vila Missionária, e na minha comunidade que eu tive as primeiras lições de solidariedade. Foi também nos grupos de jovens, no Treinamento de Liderança Cristã (TLC), como coroinhas e no coral das crianças da paróquia que eu e meu irmão, Allan, passamos boa parte do nosso tempo livre e fomos encontrando um caminho alternativo às drogas, ao crime e à violência que imperavam na região onde vivíamos. Assim, a gente ia escapando do único futuro que algumas pessoas conseguiam ver para nós quando diziam que seríamos "drogados igual ao pai".

Quando eu e meu irmão éramos crianças, meus pais continuaram trabalhando por algum tempo como vendedores em diferentes lojas. No entanto, volta e meia ficavam desempregados. Nesses momentos, eles faziam um pouco de tudo: vendiam plantas e bijuterias em uma feira, produtos da Yakult de porta em porta, e até ovos de galinha. Sempre gostamos de animais e ainda hoje temos muitos cachorros, mas, naquela época, chegamos a ter mais de quarenta galinhas no nosso quintal. Quando eu e meu irmão éramos um pouco mais velhos, meu pai começou a trabalhar como cobrador de ônibus e minha mãe a alternar trabalhos de diarista com os bordados que fazia. Eu aprendi a bordar quando tinha uns sete anos e, desde então, ajudava minha mãe com isso e com os afazeres domésticos.

Por mais que eu me saísse muito bem como bordadeira, fosse no ponto-cruz ou no vagonite, e a gente preferisse a minha comida à do meu pai — que não sabia fazer muitas coisas além de misturar tudo o que tinha em casa em uma panela e chamar o resultado de baião de dois —, eu limpava a casa, cozinhava e bordava o mais rápido possível para poder ficar com os livros. Aprendi a ler no Centro de Formação Irmã Rita Cavenaghi, escolinha de freiras do meu bairro, e lia tudo o que via pela frente. No entanto, os livros que tínhamos em casa eram os que os meus pais haviam ganhado quando trabalharam na livraria, e cabiam em duas pequenas prateleiras de uma estante antiga que ficava entre a sala e a cozinha.

Minha mãe comprava os melhores materiais escolares que podia para mim e para o meu irmão, mas nunca foi muito fã dos livros nem dos números. Se eu estivesse doente, não me acordava porque sabia que eu faria de tudo para ir para a escola. Como ela achava que eu estudava demais e que perdia a noção do tempo quando estava lendo, muitas vezes eu lia escondida dela. Não era raro eu esperar todo mundo dormir para poder mergulhar nos livros, e, quando as aulas acabavam mais cedo, aproveitava para pegar livros na biblioteca e lê-los sentada no pátio da escola até o horário da saída. Já meu pai vivia falando que, na época dele, "escola era coisa de rico". Tendo apenas o ensino fundamental incompleto, o que ele queria dizer era que eu e meu irmão deveríamos ser gratos por podermos estudar. Ele não estudava com a gente nem demonstrava se preocupar muito com as nossas notas, mas, durante os trajetos como cobrador de ônibus, estava sempre lendo ou escrevendo sobre o que via nas ruas. Lembro que, enquanto ele tomava banho, muitas vezes eu e meu irmão ficávamos do lado de fora recitando a tabuada. Meu pai também dizia charadas de matemática para a gente resolver e, assim que eu tive acesso a uma biblioteca na escola, ele me fez ler o livro *O homem que calculava*, de Malba Tahan, do qual ainda gosto muito. Foi também nessa época que pude ler Pedro Bandeira e todos os volumes de Harry Potter e Senhor dos Anéis, que se tornaram os meus favoritos.

Sempre fui muito curiosa e, como os meus professores gostavam de dizer, "perguntadeira". Era meu pai quem tinha mais paciência com as minhas perguntas e me dava as respostas mais mirabolantes. Quando eu perguntava o que tinha no final do mundo, ele me dizia que era uma grande parede de fumaça. Quando eu perguntava quem tinha lhe ensinado aquela charada, ele dizia que era um mago que flutuava em um cemitério. Quando eu questionei se as pessoas precisavam morrer para poder perguntar a Deus tudo o que queriam, minha mãe arregalou os olhos e disse que eu não deveria falar dessas coisas, enquanto meu pai inventou maneiras pelas quais, segundo ele, eu poderia conversar com Deus ali mesmo. Meu pai era brilhante e tinha muita imaginação, e foi com ele e com os livros que aprendi a fantasiar realidades diferentes. Mas, muitas vezes, ele também era ríspido e frio. A bebida o fazia parecer outra pessoa, oscilando entre a euforia e a depressão. Nós não sabíamos na época, mas meu pai tinha transtorno bipolar. Boa parte das minhas memórias de infância são da minha mãe chorando, da insegurança de nunca saber como o meu pai chegaria em casa e da tristeza e decepção que a gente sentia quando via que ele tinha bebido.

As principais lembranças boas desse período têm a ver com as minhas pequenas conquistas nos estudos, como um passeio ao Playcenter, um antigo parque de diversões de São Paulo, que meu grupo de trabalho ganhou por ter feito a maquete de uma hidrelétrica para uma exposição escolar. Eu estudava na Escola Estadual Professor João Ernesto de Souza Campos e estava na quarta série. A minha professora da época, Rosângela Jardim, me marcou muito, pois me tratava com muito carinho e fazia com que os meus menores êxitos parecessem muito especiais. Esses primeiros reconhecimentos me incentivaram a me dedicar cada vez mais aos estudos.

Em 2005, quando eu estava na quinta série, já na Escola Estadual Professor Isaltino de Mello, nós fomos convidados para participar da I Olimpíada Brasileira de Matemática das Escolas Públicas (OBMEP). Ninguém tinha ideia do que era essa tal de OBMEP, mas a nossa professora de matemática, Simone da

Silva, nos encorajou a continuarmos tentando se, de cara, não conseguíssemos responder a alguma questão e a só entregarmos a prova no final. Quando alguns alunos passaram para a segunda fase da olimpíada, ela se dispôs a nos preparar. Eu estudei muito, mas achava os simulados muito difíceis e tinha certeza de que, daquela vez, eu iria muito mal. Nunca vou me esquecer da alegria que senti quando a diretora da escola ligou para a minha casa para dizer que eu havia recebido uma medalha de prata. Eu ainda não sabia disso, mas aquela medalha mudaria a minha vida para sempre. Por um ano, medalhistas da olimpíada passaram a receber uma bolsa de estudos do Conselho Nacional de Desenvolvimento Científico e Tecnológico (CNPq), no valor de cem reais por mês. Foi com essa bolsa que conseguimos terminar o segundo andar da nossa casa; pela primeira vez, deixamos de dormir todos no mesmo cômodo e meu irmão e eu passamos a ter cada um o seu próprio quarto.

Além da bolsa do CNPq, ganhamos também um curso de matemática. No meu caso, o curso acontecia dois sábados por mês no Colégio Etapa, uma escola particular muito renomada por ter bons resultados em competições de ciências e matemática e nos vestibulares. O Etapa fica perto da estação de metrô Ana

Rosa, ou seja, a aproximadamente uma hora e meia de ônibus e metrô da minha casa. No primeiro dia do curso da OBMEP, em 2006, meu pai me levou até a porta da escola. Com o tempo, ele passou a me deixar na catraca do metrô Ana Rosa, depois na catraca do metrô Jabaquara e, por fim, só me levava até o ponto de ônibus perto da nossa casa e então ficava fazendo hora na rua para que a minha mãe não descobrisse. Nesses trajetos, a gente brincava que um dia eu estudaria em uma escola bonita e grande igual ao Etapa. Os dias do curso eram, de longe, os melhores dias do meu mês. No entanto, eu senti muito medo quando ligaram da escola me oferecendo uma bolsa de estudos integral. Eu achava que nunca me encaixaria em uma escola particular e disse aos meus pais que não sabia se queria ir. Meu pai foi quem mais me incentivou e, depois do feriado de Carnaval de 2007, eu comecei a sétima série no Etapa.

Eu não sabia disso na época, mas, quando o colégio decidiu que daria bolsas de estudos para alguns dos alunos que faziam o curso da OBMEP, eles tinham em mente apenas aqueles que haviam recebido medalha de ouro na primeira edição da olímpiada. Eu, como disse, tinha sido medalhista de prata. Ao saberem desse critério, a Marisilvia Longo, mais conhecida como Silvinha, e o Ricardo Mori, coordenadora e professor de matemática do projeto, foram falar com a direção da escola e pediram que considerassem dar uma bolsa para mim também. Essa foi a primeira de muitas vezes em que eu só recebi uma oportunidade porque alguém decidiu olhar para toda a minha trajetória e esforço, e não apenas para o meu resultado final. Também foi um dos muitos momentos em que um professor sonhou algo para mim antes mesmo que eu soubesse da possibilidade desse sonho.

Pouco tempo depois de ter começado a estudar no Etapa, descobri que tinha ganhado uma medalha de ouro na segunda edição da OBMEP. Para receber a premiação, viajei de avião pela primeira vez — até então, só tinha ido de ônibus para a Bahia com minha mãe e meu irmão. A cerimônia foi em Recife e, na ocasião, o então governador de Pernambuco, Eduardo Campos (1965--2014), falou sobre a criação da OBMEP, quando ele era ministro da Ciência e Tecnologia, e sobre a responsabilidade social que os medalhistas tinham. Eu tinha apenas treze anos e demorou algum tempo até que pudesse entender completamente o significado daquela mensagem, mas a guardei comigo. Foi a olimpíada que fez com que eu me sentisse, pela primeira vez, responsável pela transformação da nossa educação pública.

Meu primeiro ano no Colégio Etapa foi extremamente difícil. Eu entrei na escola algumas semanas depois do início do ano letivo. Para tentar acompanhar a turma, pedi emprestados os cadernos de alguns alunos e, em casa, minha mãe ditava as anotações para mim, para que eu pudesse copiá-las mais rápido. Com o tempo, comecei a perceber que muitos conteúdos que eram novos para mim já tinham sido vistos pelos meus colegas, e o currículo era apenas uma das muitas diferenças entre a minha antiga escola pública e a minha nova escola particular. As mais de três horas diárias dentro de ônibus e trens lotados me levavam e me traziam de um mundo que antes eu sequer sabia que existia, formado por lugares que eu não conhecia, como a avenida Paulista, e por pessoas que falavam de faculdade e profissões com a mesma facilidade com que a gente falava da violência e do crime na minha comunidade.

Quando eu comecei a estudar no Etapa, meus pais só conseguiram comprar uma camiseta, uma calça e uma blusa de frio, e, nos cinco anos que se seguiram, eles puderam adicionar apenas uma segunda camiseta e uma segunda calça às minhas peças de uniforme. Eu sentia vergonha dos meus sapatos velhos e sem marca e também do meu jeito de falar. Na época, eu tinha um sotaque bem mais marcado do que é hoje — uma mistura de expressões nordestinas ditas com o "erre" da periferia e de expressões da periferia ditas com um leve sotaque nordestino. As perguntas que alguns dos meus colegas me faziam — eles queriam saber se as pessoas iam armadas para a escola pública onde eu tinha estudado, por exemplo —, os comentários que demonstravam surpresa por eu ser educada, minha timidez e o sentimento de que eu não pertencia àquele lugar faziam com que me sentisse muito sozinha. No meu primeiro ano, tive muita dificuldade de fazer amigos e, por isso, saía perambulando pela escola durante os intervalos. À noite, sonhava com frequência que era obrigada a voltar para a escola pública. Eu tinha medo de que mudassem de ideia e achassem que na verdade eu não merecia a bolsa de estudos. O Etapa me mostrou que o mundo era muito maior e mais complexo do que aquele no qual eu tinha crescido, e eu levaria algum tempo para entender qual era o meu lugar nesse novo mundo.

Foi na escola particular que me perguntaram pela primeira vez qual curso eu queria fazer na faculdade. Pode soar estranho para algumas pessoas, mas ninguém nunca tinha se dado ao trabalho de falar sobre isso comigo até então. Antes de receber a bolsa de estudos, eu achava que continuaria trabalhando com bordado e artesanato quando fosse mais velha. Por isso, quando me fizeram essa pergunta, respondi a primeira coisa que me veio à cabeça. No Etapa, eu tinha começado a participar da Olimpíada Brasileira de Astronomia e Astronáutica (OBA), e estava gostando tanto do que vinha aprendendo que comecei a dizer que queria ser astrofísica. Eu não tinha ideia do que um astrofísico ou um cientista faziam, mas a minha resposta parecia deixar as pessoas impressionadas, então continuei a repeti-la.

Já quase no final do meu primeiro ano no Etapa, os professores que davam aula no curso para os medalhistas da OBMEP fizeram uma festa surpresa para celebrar o meu aniversário de catorze anos. Além de um bolo de chocolate no qual a mãe da professora Livia Marchetti havia escrito "Parabéns, Tabata" e desenhado um pequeno problema para que eu resolvesse, eles me deram um livro de matemática e um estojo cheio de canetas coloridas. Eu fiquei tão emocionada que não sabia o que dizer. Nas fotos que me enviaram, estou sorrindo ao lado dos professores, com as bochechas vermelhas de vergonha e meus presentes na mão. Esse dia foi muito especial para mim, pois, com aquele gesto, eles estavam me dizendo que continuavam lá para me apoiar. Eu ainda tenho o livro, o estojo e algumas das canetas.

No final de 2007, participei de um evento que o colégio organiza todos os anos para os alunos medalhistas em competições de matemática e ciências. Fui convidada, e meu pai foi comigo. Chegando lá, fui pegar a camiseta que estavam distribuindo, mas descobri que eu não tinha direito a uma, pois elas eram apenas para os alunos que haviam conseguido medalhas naquele ano. Eu tivera muita dificuldade de acompanhar a turma e de fato não fora premiada em nenhuma das muitas olimpíadas das quais a escola participara. Mesmo sabendo que aquele primeiro ano tinha sido muito difícil, me senti culpada por não ter aproveitado todas as oportunidades que a escola me proporcionara. Nesse dia, chorei muito e prometi ao meu pai que voltaríamos no ano seguinte e que eu então ganharia uma camiseta. Depois de ver uma apresentação sobre o Massachusetts Institute of Technology (MIT), eu também disse que iria estudar muito para um dia ser aceita em uma universidade como aquela. Na época, eu não falava uma palavra de inglês, mas meu pai disse, com toda a convicção, que tinha certeza de que eu conseguiria realizar esses dois objetivos.

Em 2008, comecei a oitava série e as coisas foram ficando um pouco mais fáceis. Com o tempo, formei o meu grupo de amigos, que era composto dos meninos que participavam das olimpíadas comigo e de meninos e meninas que, assim como eu, não eram os mais populares da escola e faziam com que me sentisse à vontade para ser quem eu era. Depois de um ano, eu já conseguia acompanhar a turma, e meus professores começaram a incentivar a minha participação nos cursos de preparação para as olimpíadas, que aconteciam no contraturno. Foi assim que, naquele ano, recebi oito medalhas em olimpíadas de conhecimento, e fui toda orgulhosa pegar minha camiseta no evento de final de ano do colégio. Porém, chegando lá, me disseram que daquela vez as camisetas eram para todos os convidados, independentemente de terem ganhado medalhas ou não. Essa foi a primeira lição que recebi sobre a importância dos caminhos que trilhamos em busca dos nossos sonhos, por mais bobos que possam parecer. A promessa que fiz ao meu pai, de que eu ganharia aquela camiseta, tinha me levado a ser premiada em oito competições e, o mais importante, tinha me ajudado a encontrar um lugar para mim na minha nova escola.

Foi mais ou menos nesse período que conheci o trabalho dos Olímpicos de Santa Isabel (OSI), um projeto criado por dois bolsistas do Colégio Etapa no município paulista de Santa Isabel, para que outros estudantes da cidade pudessem ter as mesmas oportunidades que eles estavam tendo através das olimpíadas. Fui convidada para dar uma aula de astronomia no projeto e, mesmo tendo a mesma idade que boa parte dos alunos, consegui superar a minha timidez e ensinar a eles algumas das coisas legais que eu estava tendo a oportunidade de aprender. Naquele dia, descobri algo que só quem já deu aula sabe: existem poucas experiências tão gratificantes quanto ver como o rosto das pessoas brilha quando elas aprendem algo novo. Saí de lá com a sensação de que havia encontrado uma solução para aquela angústia que eu carregava desde que tinham ligado para a minha casa me oferecendo a bolsa de estudos. Me incomodava muito saber que tantas pessoas, entre elas os meus colegas da escola estadual onde estudei, não estavam tendo as mesmas oportunidades que eu. Foi assim que, em 2009, ajudei a fundar o Projeto Vontade Olímpica de Aprender (VOA!), a fim de preparar alunos de escolas públicas de São Paulo para olimpíadas científicas. No início, achar escolas que nos permitissem divulgar o projeto e convidar os alunos para as aulas que aconteceriam todos os domingos de manhã, foi mais difícil do que achar um local onde pudéssemos realizar o curso. Aqui, a Soiane Vaz, mãe do Henrique, um grande amigo da escola e também um dos idealizadores do projeto, e o Emiliano Chagas, nosso professor de matemática no Etapa, foram fundamentais. Com a ajuda deles, duas escolas públicas toparam participar, e, em seu primeiro ano, o VOA! teve aproximadamente cem alunos.

As coisas caminharam bem até o final de 2009, quando meu pai me contou, no meu aniversário de dezesseis anos, que eu não era sua filha biológica. Sempre me achei muito parecida com ele, e demorei a entender o que ele estava falando. Uma parte de mim me dizia que tudo aquilo só poderia ser mentira, enquanto a outra me fazia questionar se eu deveria sentir raiva dos meus pais por terem escondido a verdade de mim por tanto tempo. No entanto, o meu choro naquele dia não foi de raiva, mas sim de muita tristeza. Uma das coisas que mais doeram foi perceber o quanto a condição do meu pai havia piorado. Acho que foi só ali que entendi que ele fazia uso de outras drogas também, e não apenas do álcool.

Poucas horas depois de o meu pai ter chegado

em casa embriagado, sentado na mesa da cozinha e me dito que precisava conversar comigo, a minha mãe começou a insistir que eu deveria ir à festa de aniversário que alguns colegas estavam organizando para um amigo. Eu estava chorando muito e não tinha vontade de fazer nada, mas aquele era um amigo querido e minha mãe me convenceu que ir ao aniversário faria com que eu me sentisse melhor. Quando cheguei ao local, descobri que, na verdade, a festa era para mim. Meus amigos da escola haviam não só organizado uma festa surpresa, como preenchido um caderno inteiro com mensagens de carinho e motivação e juntado toda a classe para comprar um par de óculos de sol, uma pequena máquina fotográfica digital e alguns materiais escolares para mim. Imagino que até hoje eles não tenham ideia disso, mas, sem saberem, me deram também o conforto de que eu tanto precisava naquele dia.

Enquanto eles cantavam "Parabéns", me lembrei da festa surpresa que os meus professores haviam organizado dois anos antes. Eu me lembrei também da linda festa que tínhamos feito para celebrar os meus quinze anos em 2008. Sempre gostei muito de aniversários e, por mais bobo que possa parecer, por muito tempo sonhei com uma festa de debutante. Sabendo que, sozinhos, eu e minha família não teríamos condições de realizar aquele desejo, com a aproximação da data, muitas pessoas do meu bairro começaram a nos ajudar. A Maísa, o Raimundo, a Leide e o André, nossos amigos da igreja, nos ajudaram com quase todos os preparativos. A Gilka, dona de uma doceria, me deu de presente todos os doces da festa. A Yoko, dona de uma loja de serviços fotográficos, um belo quadro de fotos. A Lúcia, nossa vizinha, o meu cabelo e maquiagem. A Crislene, uma amiga muito querida, foi a cantora. Em um salão próximo da nossa casa, fizemos uma festa maravilhosa. De diferentes formas, meus professores, comunidade e amigos estavam constantemente me lembrando de que eu não estava sozinha, o que foi muito importante para que eu pudesse enfrentar o que estava por vir.

Quando meu pai me contou que não era meu pai biológico, ele já estava usando crack, e dali em diante a situação piorou bastante. Perdi as contas de quantas vezes fui visitá-lo ou buscá-lo em uma clínica de reabilitação, onde quase sempre ele permanecia dopado até o prazo de internação acabar. Os afastamentos dele se tornaram mais frequentes, os dias foram ficando mais difíceis e começou a faltar dinheiro para tudo, inclusive para as passagens do ônibus e do metrô que eu pegava para ir à escola. Faltava dinheiro também para o lanche, e as longas horas que eu passava sem comer me davam dores muito fortes no estômago, que logo se transformaram em uma gastrite. Nessa época, eu saía bem cedo de casa e só voltava tarde da noite, pois havia começado a participar dos cursos de preparação para olimpíadas que a minha escola oferecia nos períodos da tarde e da noite. Uma das minhas maiores alegrias nesse período era que, todos os dias, quando faltavam apenas alguns pontos para eu descer do ônibus e chegar em casa, eu dava um toque no telefone fixo da nossa casa e a minha mãe abria o portão para que a nossa cachorra, Chiquinha, fosse correndo me encontrar. Ela não deixava ninguém se aproximar da gente e assim chegávamos seguras em casa.

Nós adotamos a Chiquinha já adulta. Um certo dia, eu estava voltando da aula de crisma quando vi uma cachorra dentro de uma caixa apertada. Mais tarde, quando voltava da missa, vimos que ela estava dentro da mesma caixa. Achamos muito estranho e minha mãe pediu um pouco de ração para uma conhecida que mora perto da igreja. Quando ela saiu para comer, vimos que a haviam abandonado com dois filhotes! Sem pensar duas vezes, minha mãe pegou a caixa e a Chiquinha começou a nos seguir, bastante desconfiada mas sem atacar. Nós cuidamos deles e, quando meus pais conseguiram doar os filhotes — a Lua mora na nossa rua até hoje, pois foi adotada por uma vizinha — e começaram a buscar um dono para a Chiquinha, eu pedi tanto que eles deixaram que nós ficássemos com ela. Sorte a minha, porque ela foi uma das cachorras mais especiais que já tive e me ajudou a enfrentar alguns dos momentos mais difíceis da minha vida. Ela nos acompanhou até pouco tempo antes de eu me formar na faculdade, quando então morreu.

No Etapa, continuei ganhando medalhas em diversas competições estaduais e nacionais e, em 2010, pela primeira vez cheguei perto do meu sonho de compor o grupo de estudantes que representaria o Brasil em uma competição internacional. Eu estava no segundo ano do ensino médio e era finalista de duas seletivas para olimpíadas internacionais, uma de astronomia e a outra de química. No entanto, com tudo o que estava acontecendo com o meu pai, esses sonhos passaram a ficar grandes demais para mim. Foi por isso que eu tomei a decisão de não participar das duas semanas de treinamento que os quinze finalistas da olimpíada de química fariam na Unicamp.

Essa era a última etapa antes da prova que selecionaria os quatro estudantes que comporiam a equipe brasileira. Depois de tomar coragem, fui conversar com o professor Rubens Conilho Jr., responsável pelas olimpíadas de química na nossa escola.

O professor Rubens não conseguia entender por que eu estava desistindo e demorou a tirar de mim a verdadeira razão pela qual eu não queria mais participar do curso na Unicamp. Até então, ninguém do Etapa sabia o que estava acontecendo com a minha família e quão difícil estava sendo me manter na escola. Depois de uma longa conversa, finalmente contei tudo a ele. Eu sempre acreditei que a nossa situação fosse motivo de vergonha, de modo que nunca tinha falado sobre isso com ninguém. Se o professor Rubens não tivesse buscado entender o que estava acontecendo de verdade, eu não sei se teria conseguido continuar os meus estudos no Etapa.

Naquele dia, ele disse que encontraria uma maneira de me ajudar e me convenceu a ir para a Unicamp. Quando voltei do curso de duas semanas, coordenadores do Etapa, entre eles os professores Edmilson Motta e Pablo Ganassim, tinham convencido a minha mãe a me deixar ficar em um quartinho de hotel próximo do colégio durante a semana.

Eles entenderam que, no meu caso, eu precisaria de muito mais do que só uma bolsa de estudos para poder continuar na escola. A partir de então, o Etapa passou a se responsabilizar não apenas pela minha moradia, mas também pela minha alimentação e transporte. Meus professores foram além e compraram roupas e sapatos para que eu pudesse participar das premiações das olimpíadas. O professor Thiago Paulin, coordenador das olimpíadas de astronomia do Etapa, me deu o seu notebook antigo para que eu pudesse estudar. Ainda hoje sou muito grata por tudo o que eles fizeram por mim, mas, na época, eu sentia muita vergonha. E também me sentia culpada por não estar com a minha família todos os dias. Apesar disso, eu sabia que seria covarde da minha parte desistir de tudo e virar as costas para todas as oportunidades que estava tendo.

Os últimos anos do ensino médio foram extremamente difíceis e confusos. Eu estava bem alimentada e tinha tempo para estudar. No entanto, me sentia muito sozinha e incapaz diante da doença do meu pai. Como eu fazia quando era criança, fugi disso tudo me dedicando cada vez mais aos estudos. Entre 2010 e 2011, representei o Brasil e fui medalhista em três competições mundiais, uma competição ibero-americana e uma latino-americana. Mais uma vez, as olimpíadas estavam me ajudando a continuar e expandindo ainda mais o meu horizonte.

Eu participei de competições internacionais na China, na Turquia e na Polônia, e também em Minas Gerais e no Piauí, pois duas delas foram sediadas no Brasil. Minha primeira competição fora do país foi a Olimpíada Internacional de Astronomia e Astrofísica, que, em 2010, se realizou na China. Assim que fui selecionada para compor a equipe brasileira, um professor me levou de carro, acompanhada da minha mãe, para tirar o meu passaporte. Essa foi a primeira vez que viajei para fora do país, e eu estava tão animada que não preguei o olho em todo o percurso de ida. Eu me lembro até hoje do meu espanto quando me dei conta de que estávamos sobrevoando o oceano Atlântico. Do voo longo ao fuso horário diferente e às comidas locais, tudo era fascinante para mim. No entanto, o que mais me encantava e fazia meus olhos brilharem era conhecer pessoas de outros países. E nesse ponto vinha uma grande frustração: eu era a única pessoa da equipe brasileira que não falava inglês, e não apenas tive que fazer a prova em uma versão traduzida às pressas pelos professores que tinham viajado com a gente, como também precisei de intermediários para me comunicar com os estudantes das outras equipes. Nas competições, comecei a aprender espanhol, língua estrangeira na qual sou mais fluente até hoje. Mas eu precisava mesmo era aprender inglês. Foi por saberem disso que, quando eu estava no segundo ano do ensino médio, a Soiane, minha amiga desde a criação do Projeto VOA!, e o professor Edmilson Motta, coordenador do Etapa, conseguiram uma bolsa de estudos para mim na escola de idiomas Cel.Lep, para que eu pudesse começar a estudar inglês. Meu sonho de estudar fora estava cada vez maior, e eles sabiam que, sem essa oportunidade, eu não teria chance alguma de conseguir fazer o vestibular americano.

Nas cinco competições internacionais das quais participei, sempre fui a única mulher dentre os quatro ou cinco estudantes que formavam a delegação brasileira. Em algum momento, devo ter acreditado que a maioria das meninas não gostava de ciências. Contudo, as brincadeiras de mau gosto que eu ouvia foram me mostrando que a baixa participação das meninas nas olimpíadas se devia a outros fatores. Lembro de uma aula em que um garoto, provavelmente incomodado com o meu desempenho, disse ter certeza de que eu era um menino disfarçado de menina e que essa era a razão pela qual eu ia tão bem. Eu era a única menina que fazia essa aula e, não fosse pelo professor, que não achou graça nenhuma e o repreendeu na frente de todos, muito provavelmente eu teria abandonado aquele curso. Afinal de contas, eu era muito nova para ter que provar ser suficientemente menina mesmo sendo boa em ciências e suficientemente boa em ciências mesmo sendo menina.

Cheguei ao final do ensino médio com algumas dezenas de medalhas e um sonho enorme de estudar nos Estados Unidos. Eu queria continuar conhecendo pessoas do mundo inteiro e aprendendo com elas. O inglês era a barreira mais óbvia, mas eu também não tinha como arcar com os custos das inscrições e das provas. O meu sonho começou a ficar um pouco menos distante quando fui convidada para participar do programa Opportunity Grants, da EducationUSA, que cobre os custos do vestibular americano para alunos internacionais de baixa renda. Uma segunda oportunidade veio com o ILRio, hoje chamado Prep Program, que oferece mentoria para alunos que almejam estudar nos Estados Unidos. Nesse programa, tive dois ex-alunos de Harvard, o Wes Hill e o Wolff Klabin, como mentores, e eles foram fundamentais para que eu não desistisse no meio do caminho. Sabia que meus professores e mentores acreditavam muito em mim e isso me fazia continuar, mesmo que muitas vezes eu achasse que eles estavam loucos.

Na primeira vez em que fiz o TOEFL, uma prova de proficiência de inglês, e o SAT, o "Enem americano", tirei notas muito baixas, o que significava que, muito provavelmente, eu sequer seria considerada por muitas universidades americanas. No entanto, eu fazia simulados todos os dias e tirei notas um pouco melhores quando fiz as provas pela segunda vez. No processo seletivo para as universidades americanas, eu não só pude fazer todas as provas mais de uma vez como, para além das provas, pude enviar dezenas de redações sobre quem eu era, informações sobre tudo o que fazia fora da sala de aula e cartas de recomendação dos meus professores. Uma dessas cartas foi escrita pelo professor Carlos Cerqueira, que havia dedicado inúmeras horas para que eu pudesse, entre outras coisas, superar o meu medo de química orgânica e me preparar para as competições internacionais. Ele havia se tornado um amigo e certamente pôde dizer, com muito mais detalhes do que uma simples nota, quem eu era como aluna. Preocupados em analisar os candidatos também de acordo com seus esforços — o que eu descrevo como olhar para quem correu mais, e não só para quem chegou mais longe —, as universidades americanas ainda queriam saber se os alunos vinham de famílias pobres e haviam tido que trabalhar, se faziam algum tipo de voluntariado e se tinham alguma paixão, como a dança ou o futebol, entre outras coisas. Foi aí que vi quão injusto e quadrado ainda é o vestibular brasileiro, que se baseia em uma única prova anual.

Enquanto eu cursava o ensino médio, a minha mãe voltou para a escola, dezoito anos depois de ter interrompido os seus estudos. Foi através da educação de jovens e adultos (EJA), a qual minha mãe frequentou à noite em uma escola estadual do nosso bairro, que ela se formou no mesmo ano em que eu também terminava o ensino médio. Quando nos formamos, eu soube que estávamos escrevendo uma história diferente para nós duas. Por meio da educação, estávamos escapando dos abusos e violências que haviam marcado a trajetória das minhas avós e tias. Foi só então que deixei de ter medo de que as histórias das mulheres da minha família se repetissem, de alguma forma, em nossas vidas.

No ano seguinte, comecei a trabalhar como professora no Etapa. Foi o meu primeiro emprego de carteira assinada e, como esse era um marco para mim e para a minha família, meu pai fez questão de ir comigo ao Poupatempo Cidade Ademar, o mais próximo da nossa casa, para que eu pudesse tirar a carteira de trabalho. Na mesma época, passei em física na USP. Fui uma das primeiras pessoas da minha família a ingressar em uma universidade pública e me lembro até hoje da alegria e da sensação de dever cumprido que senti quando vi meu nome na lista dos aprovados. Nas primeiras semanas de 2012, eu me dividia cursando as minhas primeiras matérias na USP e dando aulas de química para os alunos do cursinho preparatório para o Instituto Tecnológico de Aeronáutica (ITA) e de astronomia para os alunos do ensino médio que queriam participar das olimpíadas. Até que, no dia 8 de março de 2012, a primeira das dez universidades americanas das quais eu aguardava uma resposta entrou em contato comigo.

Eu tinha passado o dia inteiro dando aulas na unidade do Etapa que fica na cidade paulista de Valinhos, e, como o meu celular não pegava lá, só descobri no final do dia que haviam tentado falar comigo várias vezes. Já era tarde da noite quando o responsável pelas admissões de Harvard me ligou novamente para dizer que eu tinha sido aceita. Na hora, eu não consegui acreditar e tive a coragem de perguntar se aquela ligação não era trote. Não sei se ele entendeu o que eu tinha dito — na época, eu não sabia dizer trote em inglês —, mas fiquei horas e horas extremamente agitada, sem conseguir acreditar. As primeiras pessoas para quem eu liguei foram meus pais. Minha mãe também não estava acreditando que tinha dado certo e não parava de perguntar se eu tinha comido e se não ia passar mal com tamanha agitação. Meu pai respondeu que nós duas deveríamos lhe dar mais ouvidos, pois ele sempre soube que eu seria aceita. A reação deles retrata muito bem os meus pais. A minha mãe sempre fez de tudo para proteger a mim e ao meu irmão de todo e qualquer perigo, enquanto o meu pai nos ensinou a sonhar realidades completamente diferentes da nossa. Era a eles, principalmente, que eu devia aquela conquista.

Perdi meu pai quatro dias depois de ser aceita em Harvard, e a dor fez com que eu apagasse da minha memória boa parte do que aconteceu nesse período. Foi a minha mãe quem, enquanto eu escrevia este livro, me ajudou a relembrar os acontecimentos que antecederam a morte do meu pai. Até então, eu só tinha lembranças esparsas, como ajustar um vestido que havia ganhado da mãe de um amigo para poder ir à nossa formatura de ensino médio; falar com o meu pai ao telefone, ainda brava porque ele havia quebrado a sua promessa e bebido; e andar desnorteada pela USP até que meu primo Josué, recém-chegado da Bahia para fazer a sua pós-graduação, me encontrou.

Duas semanas antes, nós havíamos ido visitar o meu pai em uma comunidade terapêutica na qual ele estava internado. Chegando lá, vimos uma briga que me assustou muito e eu, com medo de que alguma coisa acontecesse com ele, pedi que voltasse com a gente para casa. Naquele dia, ele nos prometeu que nunca mais beberia. Mas, no segundo sábado depois do seu retorno — dia em que havíamos combinado de celebrar o aniversário do meu irmão —, ele bebeu muito enquanto batia a laje de uma casa, e, quando minha mãe chegou do trabalho, viu que ele estava machucado e que havia quebrado algumas coisas na cozinha. Descobrimos, pelos nossos vizinhos, que ele havia gritado muitas vezes pedindo que Deus o levasse. No dia seguinte, o meu pai acordou extremamente triste pelo que tinha acontecido. Eu imagino que, em dias como aquele, ele se sentisse muito culpado mas também completamente impotente diante de uma situação sobre a qual ele não conseguia ter controle. Na segunda-feira, ele disse para a minha mãe que iria passar o dia na rua porque não aguentaria ficar sozinho em casa enquanto ela estava no trabalho, eu na faculdade e meu irmão na escola. Poucas horas antes de a minha mãe sair do trabalho, ela recebeu a ligação de uma vizinha, avisando que meu pai havia sofrido um acidente. Minha mãe foi para casa desesperada e, quando chegou, se deparou com vários policiais que a impediram de entrar. Foi só então que ela descobriu que, na verdade, meu pai havia se matado. Enquanto ainda tentava entender o que estava acontecendo, minha mãe havia ligado para o meu irmão e para alguns dos meus tios, mas não tivera coragem de me ligar. Naquele momento de aflição, ela conseguiu falar com o professor Thiago e pediu que ele fizesse com que o colégio enviasse um táxi para a USP, para que eu pudesse chegar em casa o quanto antes. No caminho, enquanto eu atravessava a cidade, recebi uma mensagem do meu irmão dizendo que meu pai havia morrido.

Os dias seguintes foram os piores da minha vida. Eu dormia e acordava chorando, e era como se tivessem tirado a minha vontade de viver. Uma parte de mim relacionava a minha aceitação em Harvard com a morte do meu pai e me dizia que eu era responsável pelo que tinha acontecido. Eu achava que aquilo era a vida me colocando de volta no meu lugar. Assim que meu pai faleceu, abandonei a USP e também o sonho de estudar fora. Nas semanas seguintes, descobri que fora aceita em mais cinco universidades americanas — Princeton, Yale, Columbia, Cornell e Universidade da Pensilvânia. Essas instituições não só me aceitaram como também me ofereceram bolsas de estudos integrais, que incluíam acomodação e alimentação durante toda a faculdade. Mas eu sequer abri os e-mails quando eles chegaram. A única coisa que não abandonei foi o emprego, pois minha mãe não conseguiu voltar ao trabalho depois que meu pai faleceu.

Um mês e meio depois da ligação de Harvard e da morte do meu pai, a Silvinha, que havia sido uma das grandes responsáveis pela decisão do Etapa de me oferecer uma bolsa de estudos integral cinco anos antes, conseguiu um visto de emergência e passagens para que eu visitasse cinco das seis universidades americanas nas quais eu tinha sido aceita. Eu poderia até ter desistido dos meus sonhos, mas, mais uma vez, meus professores não iriam desistir de mim. Não tinha mais vontade de nada, mas fui. Se, para mim, o Etapa tinha parecido estar em um mundo completamente diferente daquele onde eu cresci, as universidades americanas pareciam estar em outra galáxia. Aos poucos, fui me convencendo de que deveria ir para os Estados Unidos e, no mês seguinte, escolhi a Universidade Harvard. As oportunidades que eu recebera haviam inspirado algumas pessoas da minha comunidade a olhar para os estudos de uma forma diferente, então eu sabia que meus professores tinham razão quando me disseram que, se eu não fosse para os Estados Unidos, talvez se passassem muitos anos até que outra pessoa da periferia tivesse a mesma oportunidade. Além disso, eu sabia que meu pai, que sempre foi a pessoa que mais acreditou em mim, não iria querer que eu desistisse. Lá de cima, ele continuaria me apoiando.

Meu pai não foi a única pessoa que vi morrer por causa das drogas, do crime ou da violência. Ele também não foi a única pessoa que eu vi perder, aos poucos, a capacidade de sonhar. Como professora ou palestrante, todas as vezes em que perguntei a alunos do ensino fundamental de escolas públicas qual profissão queriam exercer no futuro, o resultado foi sempre o mesmo: todos levantavam a mão com um sorriso no rosto, e não era raro que algumas crianças tivessem mais de um sonho como resposta. Nas minhas conversas com alunos do ensino médio, no entanto, todas as vezes em que perguntei quem tinha um objetivo para si, o resultado era o oposto: poucos tinham um sonho que os motivasse. O que aprendi é que a sociedade, em um país tão desigual como o nosso, quando não tira a vida, vai tirando de alguns de nós a capacidade de sonhar. Por isso, quando decidi ir para Harvard, um desejo me motivava mais que tudo: encontrar um caminho para que outras pessoas pudessem ter as mesmas oportunidades que eu tive e, assim, também reconquistar o seu direito de sonhar.

ENCONTRANDO O MEU LUGAR

Desembarquei em Boston no dia 23 de agosto de 2012 e fui recebida no aeroporto por um grupo de estudantes internacionais de Harvard. O verão ainda não tinha acabado e fazia muito calor quando cheguei ao campus da universidade, com uma camiseta velha, poucas coisas na mala e um medo enorme de não dar conta de todos os desafios que eu sabia que enfrentaria ali.

Uma semana antes do início das aulas, Harvard organiza uma série de eventos para os alunos estrangeiros recém-chegados. Os veteranos nos levam para comprar chip de celular, abrir conta no banco e falam sobre a cultura americana — esses são os melhores momentos, pois eles fazem apresentações muito engraçadas sobre como pessoas de diferentes lugares se cumprimentam, se comportam em festas e expressam seus sentimentos. Também promovem diversas atividades para vermos o campus e para nos conhecermos melhor, o que ajuda a nos sentirmos menos sozinhos e menos perdidos.

Durante toda a faculdade, e especialmente no começo, eu sofri muito com a falta da minha mãe e do meu irmão. Talvez hoje em dia fosse mais fácil, mas, naquela época, eu não tinha um smartphone, então usava um computador velho e pesado para colocar créditos no Skype e ligar para casa. Afora a saudade, me doía muito que estivéssemos tão longe em um momento tão difícil. Minha mãe ficou desempregada durante todo o período em que estive na faculdade, e, além da pensão que recebíamos pela morte do meu pai, ela e meu irmão só podiam contar com o dinheiro que eu conseguia mandar. Ademais, a bolsa de estudos que eu ganhava não cobria todas as minhas despesas pessoais. Desse modo, ao longo da graduação, fui encontrando diferentes formas de conseguir dinheiro, algumas bastante inusitadas.

Assim que cheguei a Harvard, descobri que podia participar de experimentos científicos e ser remunerada por isso. Então, todos os meses, passei a dedicar algumas horas para responder a questionários e resolver charadas para pesquisas da Business School, e até dormi em um hospital enquanto vários eletrodos monitoravam o meu sono para um estudo da Medical

School. Durante os quatro anos, também trabalhei como auxiliar de administração em diferentes áreas da universidade e, no tempo que restava, fui babá de dois bebês muito fofos, Felix e Bruno.

Outro problema que tive que enfrentar com minha família, mesmo à distância, foi que, no final do meu primeiro semestre, meu irmão terminou o ensino médio sem passar em nenhum vestibular. Diferentemente de mim, o Allan estudou apenas em escolas públicas. Como acontece com muitos estudantes, com frequência ele era liberado antes do fim das aulas, e não havia tido uma aula de química sequer durante todo o ensino médio. Quando não foi aprovado em nenhuma universidade, ele decidiu buscar um emprego para poder ajudar em casa. Foi só depois de muitas conversas que o convencemos a fazer o cursinho do Etapa, no qual ele recebeu uma bolsa integral com a condição de ajudar na organização das salas de aula. Na época, eu também escrevi uma carta para o fundador da Cel.Lep, Walter Toledo Silva (1920-2015), pedindo que a minha bolsa de estudos fosse transferida para o meu irmão, já que eu havia ido para Harvard muito antes de concluir o curso. A escola concordou e ele então também pôde começar a estudar inglês. Depois de um ano de cursinho, o Allan foi aceito na USP, na UFABC e na Unicamp, onde decidiu fazer sistemas de informação. Tenho muito orgulho do meu irmão e nunca tive dúvidas do quão capaz ele é. No entanto, até ter de fato uma oportunidade, referências e pessoas que o incentivassem, ele custou a acreditar que faculdade fosse para ele. Toda vez que eu penso nisso, me pergunto quantos bons programadores, cientistas e médicos nós não perdemos todos os anos.

Além dos problemas familiares, o que mais me tirava o sono era o fato de eu não ser fluente em inglês. Isso era tão frustrante que, por muito tempo, duvidei de que um dia fosse capaz de falar aquela língua. Com base nos livros, eu conseguia acompanhar boa parte do que os professores diziam, mas não conseguia participar das aulas, algo que é muito valorizado e, quase sempre, avaliado. O inglês também dificultava a minha comunicação com os outros estudantes. Não ajudava que me achassem muito séria para alguém da minha idade, e eu demorei a fazer amigos. Quase ninguém sabia que eu tinha acabado de perder meu pai ou que vivia com medo de o dinheiro faltar no final do mês. A principal exceção era Zahra Vakil, que conheci no meu primeiro dia em Harvard.

Zahra nasceu e cresceu em Mumbai, a segunda maior cidade da Índia e a oitava mais populosa do mundo. Sua mãe, Arti, dedicou a vida a trabalhos voluntários e sempre se esforçou para que os filhos soubessem quão privilegiados eram. Não à toa, Zahra foi a primeira pessoa com quem me senti confortável para falar abertamente sobre todas as dificuldades que eu já tinha enfrentado e sobre aquelas que ainda estava enfrentando. Era comum as pessoas não entenderem o meu inglês, mas ela sempre foi muito paciente comigo e me ensinou boa parte do que eu ainda tinha que aprender do idioma. Pouco tempo depois de conhecer a Zahra, também me tornei muito amiga do Udai Bothra, que nasceu e cresceu em Jaipur, no noroeste da Índia. Por causa deles, até hoje o meu inglês tem um sotaque levemente indiano.

Em Harvard, nós éramos muito incentivados a participar de atividades extracurriculares, tanto que existiam, literalmente, centenas de organizações dirigidas por estudantes apenas na graduação. Eu sempre fui apaixonada por dança e, ainda no primeiro ano da faculdade, entrei para o Harvard Bhangra, um grupo de dança indiana que me rendeu algumas dores nas costas e a participação em apresentações alegres e coloridas. Algum tempo depois, refundei o Candela Dance Troupe, que até hoje faz apresentações de danças latinas, como salsa, merengue e bachata.

Uma outra organização da qual eu participava reunia um pequeno grupo de estudantes que, todas as semanas, ia até uma escola pública de Boston para ajudar crianças com deficiência intelectual em suas atividades escolares. As crianças do Kids with Special Needs Achievement Program (KSNAP) eram extremamente sensíveis e carinhosas e me ensinaram muitas lições, além de fazer com que meus dias em Harvard fossem muito mais leves.

Os meses iniciais foram difíceis, mas, quando vi, meu primeiro ano tinha acabado e chegaram minhas primeiras "férias de verão". As faculdades americanas incentivam os alunos a usar os três meses de férias que temos durante o verão do hemisfério Norte, quando aqui no Brasil é inverno, para fazer estágios, pesquisas, trabalhos voluntários, cursos ou quaisquer outras atividades que nos permitam aprender coisas novas ou colocar em prática o que já aprendemos. Como o fato de eu ainda não ser fluente em inglês me incomodava muito, decidi fazer o meu primeiro estágio de verão em um país onde eu pudesse praticar o idioma. Essa foi uma das razões que me levaram a escolher a Índia, já que o inglês é uma das línguas oficiais do país. Além disso, quando eu era mais nova, a novela *Caminho das Índias* tinha feito com que eu me encantasse com a cultura indiana e, depois que me tornei amiga da Zahra e do Udai, o meu desejo de conhecer o país só aumentou.

Antes, no entanto, eu precisaria encontrar uma maneira de custear as minhas passagens e despesas pessoais, já que, em sua maioria, os estágios eram voluntários, ou seja, não remunerados. E aí entra uma das coisas mais bacanas de Harvard. O que nós ganhávamos trabalhando durante o semestre acabava sendo gasto com despesas do dia a dia, então era muito difícil para os estudantes mais pobres juntar dinheiro suficiente para participar de eventos e, ainda mais, se dar ao luxo de fazer um trabalho voluntário durante todo o verão. Por isso, a universidade tinha uma política que dava aos estudantes com bolsa integral, como era o meu caso, a possibilidade de participar gratuitamente de até cinco eventos por semestre. Pela primeira vez na vida, pude ir a shows e exposições e participar de excursões. Sabendo que os estudantes mais pobres teriam dificuldades de se manter durante as férias de verão, Harvard também disponibilizava bolsas extras para esse período.

Depois de me submeter a um processo de seleção bastante concorrido, que exigia redações e cartas de recomendação, recebi uma bolsa para estagiar na

Índia. Lá, escolhi trabalhar com uma companhia de divulgação da ciência, a Mission Apollo, que ficava em Pune, no estado de Maharashtra. No entanto, acabei usando boa parte do meu tempo para visitar dezenas de escolas e aprender sobre o sistema educacional indiano. Já quase no final do meu segundo mês em Pune, eu também conheci e me aproximei de uma empresa de alfabetização digital que estava fazendo algo muito inovador. A Maharashtra Knowledge Corporation Limited (MKCL) surgiu como uma iniciativa governamental e tinha como um de seus principais acionistas uma organização formada pelos motoristas de *rickshaw*, os famosos carrinhos de três rodas. Além de ter um modelo de financiamento arrojado e ser bastante lucrativa, a empresa também atingia um público muito amplo e diverso. Entre os alunos dos cursos da MKCL, estavam desde moradores de vilas distantes que não tinham concluído a educação básica até filhos de políticos.

Os meses em que trabalhei na Índia e morei com duas famílias locais foram extremamente importantes para mim. Não havia um dia em que, a caminho do trabalho, fosse a pé, de *rickshaw* ou de moto, eu não visse dezenas de crianças pedindo comida nas ruas. Até hoje, essa é a primeira imagem que me vem à cabeça quando me lembro desse período. Era impossível não sentir uma dor muito grande e uma necessidade urgente de fazer alguma coisa. Foi na Índia que consolidei a minha vontade de trabalhar com educação, e a visão daquelas crianças nas ruas contribuiu muito para isso. Além disso, foi lá que comecei a pensar na luta por uma educação pública de qualidade como uma responsabilidade não apenas do governo, mas também da sociedade civil e do setor privado.

Outra coisa que me marcou na minha passagem pela Índia foi a sensação de insegurança quando eu estava na rua e via algum homem me encarando. A maioria das pessoas achava que eu era indiana, então eu sabia que os olhares e comentários não tinham a ver com o fato de eu ser estrangeira, mas, sim, com o fato de eu ser mulher. A Índia é considerada um dos piores países do mundo para se nascer mulher, e esses dois meses lá me fizeram voltar a pensar sobre a camada extra de dificuldade, preconceito e violência que as mulheres têm que enfrentar.

No final do meu estágio, eu já tinha ficado doente algumas vezes e perdido alguns quilos, e não via a hora de voltar para casa. No entanto, eu também tinha melhorado o meu inglês, aprendido algumas palavras em híndi e marata e acumulado muitos presentes, que eu recebia toda vez que visitava uma escola nova. Tinha começado a gostar de músicas e filmes indianos, conhecido muitos templos, aprendido sobre religiões diferentes da minha e feito alguns bons amigos, além de ter conhecido as famílias da Zahra e do Udai que, desde então, se tornaram um pouco minhas também. E, como não poderia deixar de ser, eu também tinha feito um piercing no nariz, na rua e com o metal aquecido na hora, como manda a tradição.

Assim que voltei da Índia, descobri que tinha sido aceita para o Líderes Estudar, um programa da Fundação Estudar, organização sem fins lucrativos que foi fundada pelos empresários Jorge Paulo Lemann, Marcel Telles e Beto Sicupira para apoiar e conectar jovens universitários e recém-formados. Ela é mantida por doações e pela oferta de cursos voltados para a preparação de estudantes que querem estudar fora e para o desenvolvimento de jovens universitários. Com minha aceitação no programa, recebi um auxílio de quinhentos dólares por ano durante os últimos três anos da minha graduação. Apesar de não ser muito, esse valor fez diferença para mim. Mais importante ainda, o Líderes Estudar permitiu que eu conhecesse centenas de jovens brasileiros que estavam se destacando em diferentes áreas de atuação. A restituição do auxílio só foi cobrada dois anos depois da minha formatura — naquela época, os 1500 dólares que eu devia equivaliam a cerca de 6 mil reais — e pôde ser paga de forma parcelada, o que fiz com alegria por saber que aquele recurso seria então utilizado para ajudar outro estudante. A Estudar tem uma cultura de retribuição muito forte e sempre incentiva aqueles já formados a apoiarem os que estão se formando.

De volta para começar o meu segundo ano na faculdade, me deparei com uma escolha muito difícil: era hora de dizer qual área de estudo eu seguiria. Já havia algum tempo que eu não tinha mais o sonho de ser astrofísica. Queria uma profissão menos solitária, na qual pudesse estar em contato com muitas pessoas, e que me permitisse, de alguma forma, impactar a educação. Enquanto não tomava uma decisão eu fazia cursos de matemática, física e astronomia, mas também aproveitava para cumprir o requerimento da universidade de que todos os alunos cursassem pelo menos uma matéria em cada uma de oito áreas do conhecimento. A faculdade não só nos dava tempo até o terceiro semestre para definir nossos cursos principal e secundário — chamados de *major* e *minor*, ou *concentration* e *secondary field*, no caso de Harvard —, como também nos fazia explorar outras áreas. Foi assim que, ao longo da graduação, eu fiz matérias de psicologia, economia, filosofia, folclore e mitologia. Todas essas disciplinas me proporcionaram mais condições de escolher o meu curso principal, além de uma formação muito mais ampla.

No primeiro ano, eu tinha feito uma matéria chamada "Política comparada na América Latina", com o professor Steven Levitsky, um dos autores do livro *Como as democracias morrem*. Ao longo do semestre, aprendemos sobre as trajetórias políticas dos países latino-americanos e vimos diversas teorias que tentavam explicar o porquê de esses países estarem no patamar que se encontram hoje. Na aula, a gente sempre voltava para o tema da desigualdade, e, até então, nunca tinha me sentido tão conectada com algo que eu estava estudando, pois os textos falavam de uma realidade muito concreta para mim. Além disso, na minha opinião, um curso que falava sobre pobreza, desigualdade, desenvolvimento econômico, inclusão e sociedade civil tinha tudo a ver com educação. Por essas razões, decidi transformar astrofísica no meu curso secundário e ciência política no meu curso principal. Dentro da ciência política, escolhi o pilar de política comparada e comecei a me debruçar sobre as políticas sociais e econômicas da América Latina e do Brasil.

Durante a faculdade, entendi que parte da solidão que sentia vinha do fato de eu transitar entre mundos muito diferentes, o que às vezes me fazia achar que não pertencia a lugar nenhum. Eu cresci na periferia de São Paulo, e não há lugar no mundo que me faça sentir mais em casa do que o meu bairro, Vila Missionária. No entanto, a minha trajetória estava se tornando cada vez mais diferente do caminho trilhado por muitas das pessoas com quem eu cresci. Por meio da educação, eu estava tendo oportunidades que muitos sequer sabiam existir. E cada novo conhecimento transformava não apenas meu horizonte, mas também minha visão de mundo.

Além da dificuldade que eu tinha de explicar aos meus amigos como era a minha vida em Harvard, muitos dos meus preconceitos, dos quais eu não tinha consciência antes, estavam sendo quebrados. Foi na faculdade que aprendi sobre a luta por igualdade entre homens e mulheres e sobre a importância de eu também lutar contra o racismo e a homofobia, por exemplo. No entanto, vários dos meus amigos não estavam passando pela mesma transformação. Isso levava muitas conversas a terminar em discussões nas quais eu dizia que eles eram preconceituosos, e eles respondiam que Harvard estava fazendo uma lavagem cerebral em mim e me transformando em uma radical. Levou algum tempo até que eu aprendesse a me posicionar sem afastá-los de mim. Foram experiências como essas que lá na frente me fizeram acreditar que a política deveria e poderia ser um lugar de construção de pontes, por mais que seja muito mais fácil simplesmente afastar quem pensa diferente de nós.

Por outro lado, eu também não era uma aluna típica de Harvard. Cheguei à faculdade sem o capital cultural que meus colegas receberam em casa: meus pais nunca puderam me levar a parques, museus e teatros, e não falávamos de faculdades e profissões quando estávamos juntos. Enquanto muitos dos meus colegas planejavam viagens e podiam se dedicar apenas aos estudos, eu tive que trabalhar durante toda a graduação. Ter que encaixar a periferia e Harvard dentro de mim foi a melhor preparação que a vida poderia me dar para que eu aprendesse a dialogar em um mundo tão fragmentado.

Transitar entre mundos tão diferentes também contribuiu para que eu quisesse trabalhar com educação. Eu sentia que tinha que fazer alguma coisa em relação à desigualdade abismal que assola o nosso país, e a educação era a única resposta na qual eu conseguia pensar. Acho que foi nesse momento que comecei a me ver como uma ativista pela educação, o que, para mim, ainda é a melhor descrição de quem eu sou.

Entre 2013 e 2014, sem saber por onde começar, comecei pelo mais importante de qualquer iniciativa: o time. No meu segundo ano da faculdade, conheci dois brasileiros que, em pouco tempo, se tornaram meus melhores amigos. O Renan Ferreirinha, que, assim como o meu pai, é de São Gonçalo, Rio de Janeiro, estava começando a graduação em Harvard com uma bolsa de estudos integral. A Ligia Stocche, de Ribeirão Preto, São Paulo, tinha acabado de ser aceita para fazer um ano de intercâmbio em Harvard antes de concluir sua graduação em engenharia de materiais pela Universidade Federal de São Carlos (UFSCar). Nós logo descobrimos que os três éramos apaixonados por educação, e, por isso também, nossa amizade surgiu rapidamente. Coincidência ou não, as pessoas que me ajudaram a tirar ideias do papel e transformá-las em projetos reais sempre chegaram na minha vida antes que os planos estivessem completamente formulados. Tanto é assim que até um canal no YouTube sobre educação a gente pensou em fazer. Depois de debater umas tantas outras ideias, percebemos que a gente precisava mesmo era estudar. De um em um, fomos entrevistando políticos, empresários, acadêmicos, ativistas e professores. Quando vimos, tínhamos mais de cem entrevistas e um material muito rico que apontava diversos problemas da nossa educação, e também algumas soluções e inovações que estavam surgindo Brasil afora. Outras pessoas foram se somando ao projeto, e nós decidimos compilar as entrevistas e os nossos estudos no que chamamos de Manifesto Mapa do Buraco. O lançamento aconteceu em agosto de 2014, no final do meu segundo verão americano. Antes disso, no entanto, eu já tinha me jogado de vez na educação.

Depois de mudar meu curso principal de astrofísica para ciência política, comecei a ouvir muita gente falar sobre Sobral, no Ceará, e sobre as transformações que estavam revolucionando a educação na cidade. Não demorou muito para que eu decidisse fazer meu estágio de verão na Secretaria de Educação do município. Todo mundo me dizia que o que eu veria em Sobral era completamente diferente do que acontecia no restante do país. Por isso, me aconselharam a também conhecer a realidade de uma segunda cidade, para que eu pudesse compará-las e descobrir o que havia de tão especial em Sobral. Foi assim que decidi ir também para Salvador, que não apenas tinha uma conexão muito grande com a minha história pessoal, já que minha mãe havia deixado a Bahia para buscar mais oportunidades em São Paulo, mas que também era muito diferente de Sobral na condução de suas políticas educacionais.

Sobral fica a quase quatro horas de Fortaleza, capital do Ceará, e tem pouco mais de 200 mil habitantes. Já Salvador é a quarta capital mais populosa do Brasil, com aproximadamente 3 milhões de habitantes. A maior diferença entre elas, no entanto, estava na qualidade da educação pública das duas cidades. Na avaliação do Índice de Desenvolvimento da Educação Básica (Ideb) de 2013, sobre o aprendizado em português e matemática e a taxa de aprovação dos alunos dos anos iniciais do ensino fundamental, Salvador atingiu 4,0, enquanto Sobral obteve 7,8, numa escala de 0 a 10. Ou seja, uma cidade relativamente pobre e do interior estava tendo duas vezes mais sucesso em alfabetizar e ensinar matemática para seus alunos do que uma grande capital.

Para realizar esses estágios, eu novamente teria que encontrar uma maneira de cobrir as minhas despesas. Depois de participar de mais um processo seletivo, recebi uma bolsa da faculdade. Quando isso aconteceu, não pensei duas vezes e entrei em contato com as duas secretarias. Algumas pessoas discordaram da minha decisão e acharam que eu desperdiçaria o meu verão com essa escolha. No entanto, ninguém achava estranho que os melhores alunos do meu curso participassem de processos seletivos concorridos para fazer estágios no setor público americano. Só parecia esquisito para as pessoas que eu quisesse trabalhar com governos locais no Brasil porque fizeram a gente acreditar que os profissionais mais bem preparados deveriam trabalhar no setor privado ou, no máximo, no terceiro setor. Estudar em uma faculdade que valoriza as ciências sociais e o serviço público me fez perceber que essa visão estava completamente equivocada. Se era no setor público que a gente podia resolver os maiores problemas e impactar o maior número de pessoas, era lá que as pessoas mais bem preparadas e movidas por um propósito deveriam estar. Essa desconfiança que a gente tem em relação ao setor público é muito parecida com o preconceito que temos contra a política no nosso país. Na prática, essa visão acaba afastando as pessoas bem-intencionadas e deixando espaço para aquelas que são movidas por tudo, menos propósito. Dessa forma, o preconceito vira uma profecia autorrealizável e essa bola de neve vai ficando cada vez maior.

Meu estágio na Secretaria Municipal de Educação de Sobral foi uma das experiências mais transformadoras que já vivi. Como alguém que estudou em escola pública e sabe o poder da educação na vida de uma criança, não se passou um dia sequer sem que eu pensasse que aquilo que eu estava vendo precisava acontecer em todas as escolas públicas do Brasil. Em Sobral, houve uma opção política pela educação que, quando os resultados começaram a aparecer, inspirou uma transformação que envolveu todo o estado. Essa opção fez com que o município fosse um dos primeiros a acabar com a indicação política de diretores escolares, por exemplo, prática que ainda predomina no Brasil. De cada quatro municípios do nosso país, três escolhem seus gestores escolares de acordo com os interesses políticos do prefeito e dos vereadores, e não por processos seletivos ou eleições na comunidade escolar. A escolha pela educação feita em Sobral também levou uma rotina séria de formação continuada para todos os professores da rede e promoveu uma grande mudança cultural em toda a secretaria. Um grande exemplo disso é que o secretário de educação da época, Júlio Cesar Alexandre, fora escolhido para o cargo por ter sido um dos melhores diretores escolares do município.

O que vi em Sobral foram alunos aprendendo a ler e escrever logo no começo do ensino fundamental; estudantes que faziam reforço no contraturno desde o início do ano caso não estivessem conseguindo acompanhar a turma; professores, gestores e equipes escolares inteiras sendo reconhecidos e premiados; avaliações internas frequentes que ajudavam a corrigir a rota sempre que necessário; pessoal que chegava cedo e saía tarde da Secretaria de Educação; e um orgulho pela educação do município que ia desde a equipe escolar até a população em geral. É claro que nada disso acontece do dia para a noite, mas o que Sobral me mostrou, e para mim isso era mais do que suficiente, é que, sim, é possível termos uma educação pública de qualidade no nosso país.

De Sobral, eu segui para Salvador. Chegando lá, fui recebida pela Teresa Pontual, mais conhecida como Teca, subsecretária de Educação do município que, mesmo sem me conhecer, também me hospedou em sua casa durante todo o período do estágio. Ela tinha se formado recentemente na School of Education de Harvard e era extremamente preparada. Quando aceitou ir para Salvador, a Teca sabia que era comum que políticos indicassem uma boa parte dos cargos da secretaria. Muitas dessas pessoas estavam ali com outras motivações e preocupações, e, para algumas delas, a educação era a última de suas prioridades. Mesmo sabendo de todas essas limitações, a Teca aceitou o desafio. Por mais amarras que o seu trabalho pudesse ter, qualquer avanço poderia impactar milhões de pessoas.

Durante o estágio, fui incumbida de avaliar o status de implementação da reestruturação dos processos da secretaria — proposta elaborada por uma consultoria contratada. Para fazer essa avaliação, eu precisava ouvir as pessoas envolvidas. Mas, depois de várias tentativas, percebi que muitas delas simplesmente não queriam falar comigo. Inicialmente, achei que isso era devido à minha pouca idade e ao fato de elas saberem que eu estava ali apenas por algumas semanas. No entanto, com o tempo, fui percebendo que havia também uma segunda razão: as mudanças cuja implementação eu deveria avaliar não estavam acontecendo. As pessoas não acreditavam na importância do que havia sido proposto pela consultoria e não estavam dispostas a implementar as recomendações.

No entanto, essas pessoas não representavam o todo. Eu também conheci gestores e professores que, assim como a Teca, eram movidos por um propósito e, todos os dias, davam o melhor de si. Além disso, a possibilidade de Sobral ser regra, e não exceção, continuava me motivando.

Meu maior aprendizado com a construção do Manifesto Mapa do Buraco e com os estágios nas secretarias de Educação foi que, se a política e os políticos não mudassem, nunca teríamos uma educação pública de qualidade para todos. Por isso, na volta para o meu terceiro ano na faculdade, nós decidimos continuar com o trabalho que havíamos começado com o manifesto. Focamos nossos primeiros esforços em iniciativas que buscavam convencer eleitores e candidatos sobre a importância e a urgência da educação. Nossa primeira ação ocorreu no segundo semestre de 2014, quando organizamos um debate presencial entre os possíveis ministros da Educação dos candidatos a presidente da República naquela eleição. Eu estava no meio do semestre e não podia voltar para o Brasil, mas o nosso movimento já começava a reunir alguns outros voluntários — como o Gabriel Dolabella, estudante de direito que morava no Rio de Janeiro e também era apaixonado por educação — que possibilitaram a realização de eventos como esse debate. Aliás, não fossem os novos voluntários que iam se juntando ao Mapa, dificilmente o projeto teria prosseguido com tanta força.

No ano seguinte, nós deixamos para trás o nome Mapa do Buraco e nos tornamos o Movimento Mapa Educação. Construímos um time forte de voluntários, estruturamos o movimento em pilares que iam de conteúdo a marketing e tecnologia, e mudamos a nossa estratégia. Aos poucos, passamos a concentrar nossos esforços em jovens ativistas que, assim como nós, também estavam dispostos a lutar por uma educação de qualidade.

Em 2015, durante as minhas últimas férias de verão, nós organizamos a i Conferência Mapa Educação e reunimos jovens ativistas de todo o país. Além de receberem uma formação sobre política, educação e mobilização de pessoas, na conferência eles tiveram a oportunidade de conhecer outros jovens que também eram movidos pela mesma paixão pela educação. Com isso, muitos participantes não apenas encontraram parceiros para seus projetos, como também puderam ver que não estavam sozinhos, o que era especialmente importante, já que o trabalho de um ativista é cheio de altos e baixos e pode ser bastante solitário.

A nossa atuação em 2016, segundo ano eleitoral que vivemos como movimento, pouco tempo depois da minha formatura, foi resultado de tudo o que tínhamos aprendido com as eleições de 2014 e do que estávamos aprendendo com os jovens ativistas que a gente estava reunindo em torno do Mapa. Nós continuamos tentando dar mais holofote para a pauta da educação em nível nacional e fizemos uma parceria com o programa *Estúdio i*, da GloboNews, que mostrou e debateu vídeos que os principais candidatos a prefeito do Rio de Janeiro, Salvador e São Paulo gravaram em resposta às perguntas sobre educação enviadas por nós. Também lançamos um segundo documento, o Manifesto Voz do Jovem, que ouviu mais de 12 mil jovens sobre a educação no Brasil, e organizamos um debate em uma escola pública de São Paulo com estudantes, especialistas, influenciadores, o então prefeito Fernando Haddad e um representante do então governador Geraldo Alckmin. No entanto, concluímos que a principal contribuição que poderíamos dar seria apoiando os embaixadores do Mapa, como a gente chamava os nossos ativistas, a influenciar as eleições de seus municípios. Nos quatro cantos do Brasil, nossos embaixadores organizaram encontros, debates e campanhas. Dentre todas essas ações, a que mais me marcou foi uma que aconteceu em Nossa Senhora das Dores, em Sergipe. Depois de organizar um abaixo-assinado, o Antônio Cardoso, um dos nossos ativistas mais jovens, conseguiu que o prefeito eleito se comprometesse a mudar a forma de seleção dos diretores das escolas municipais, de indicação política para uma eleição pela comunidade escolar.

A decisão de alguns dos nossos embaixadores de concentrar seus esforços para mudar a forma de escolha dos diretores escolares em seus municípios foi motivada por algo que aprendi durante a escrita da minha tese de graduação. Mas, para contar essa história, precisamos voltar a 2014, quando eu ainda estava no terceiro ano da faculdade. Em Harvard, em vez de escrever apenas um trabalho de conclusão de curso, os alunos podem optar por elaborar uma tese e, assim, se formar com um diploma de honras. Para isso, precisamos fazer uma quantidade extra de cursos e encontrar um objeto de pesquisa inédito. Por mais difícil que esse processo pudesse ser, eu sabia que escrever uma tese seria uma forma de me aprofundar em um tema que eu realmente amava e, quem sabe, encontrar respostas para todas as perguntas que me fazia desde que tinha trabalhado nas secretarias municipais de Educação de Sobral e Salvador.

Os muitos meses que dediquei à minha tese foram desafiadores e, se o tema fosse qualquer outro que não educação, duvido que teria conseguido me manter pesquisando e escrevendo por tanto tempo. Na época, eu já morava em Dunster. Assim que chegamos a Harvard, somos alocados em um dos dezessete dormitórios destinados para alunos do primeiro ano, os *freshman dorms*. A partir do segundo ano, passamos a residir em uma das doze casas da faculdade, chamadas de *Houses*, que têm mestres e tutores residentes, sala de jantar e uma biblioteca, além de outras áreas comuns. Antes de a faculdade definir qual seria a minha, no entanto, eu podia formar um grupo com outros sete estudantes, garantindo assim que nós seríamos selecionados para a mesma casa. Além de mim e da Zahra, o nosso grupo era composto de mulheres muito aguerridas e inspiradoras que vinham de seis países diferentes: Chile, Coreia do Sul, Índia, Itália, Nigéria e Paquistão. As doze residências estão sempre disputando entre si, e é comum que os alunos entrem em debates sem fim sobre qual delas é a melhor. A minha — nós continuamos membros das nossas casas mesmo depois de formados — se chama

Dunster, é uma das mais antigas e, na minha opinião, a melhor de Harvard.

Nos meses que antecederam a conclusão da minha tese, minha rotina costumava começar às cinco da manhã, quando eu vestia uma calça e uma malha, pegava a minha mochila e o meu casaco e ia para a biblioteca da minha casa, onde escrevia até às dez. Depois de passar no refeitório e pegar algo para comer, eu andava até o *Yard*, onde a maioria das minhas aulas acontecia. Após o fim das aulas e dos meus expedientes, eu ia para a Lamont, uma das bibliotecas de Harvard, e ficava fazendo as minhas tarefas e leituras até o final do dia. Quando finalmente voltava para Dunster, já era tarde da noite, fazia muito frio e eu estava extremamente cansada. Nesses momentos, eu tinha que me lembrar constantemente por que estava fazendo aquilo. O meu consolo era que, quando eu estava nas bibliotecas e olhava para fora, via a neve caindo e ouvia o vento soprando forte, então não me parecia tão ruim assim estar sentada em um lugar quentinho.

No longo processo de escrever a tese, a minha maior fonte de motivação, como não poderia deixar de ser, foi uma professora. A professora Frances Hagopian pesquisa sobre democratização, representação política, economia política e a relação entre política e religião, e seus trabalhos sobre a política brasileira são muito reconhecidos. Eu tive a oportunidade de ser sua aluna em dois semestres, e ela está entre os melhores professores que tive na faculdade. Ela era uma das poucas docentes mulheres no departamento de Governo, e uma vez me disse que preparava suas aulas com o máximo de cuidado e sempre dava o melhor de si porque sabia que poderia ser a única referência feminina que muitas alunas teriam durante a graduação. Essa é uma lição que carrego comigo até hoje: quando somos um dos poucos representantes de um grupo a ocupar determinado lugar, a nossa responsabilidade é muito maior.

Eu fiquei extremamente feliz quando a professora Hagopian aceitou ser orientadora da minha tese. Ela foi uma verdadeira mentora e amiga ao longo do processo. Ela acredita firmemente que os números sozinhos só contam metade da história, podendo nos levar a conclusões erradas. Por isso, me convenceu de que minha tese poderia ter uma base estatística forte, já que o meu diferencial era saber programar e gostar de números, mas que eu precisaria combinar os resultados estatísticos com entrevistas que me permitissem entender a fundo a realidade que eu estava estudando. Foi dessa forma que decidi o que faria em uma parte das minhas férias de verão de 2015, as últimas antes da minha graduação: eu conheceria de perto a realidade da educação municipal de sete municípios brasileiros. O método de investigação que nós escolhemos, o dos métodos mistos, estabelece que a escolha dos casos de estudo deve ser guiada pela análise estatística. Depois de analisar todos os dados, eu tinha uma equação, ou regressão, que estimava os resultados educacionais de cada município de acordo com suas variáveis políticas, além de outros fatores como seu tamanho e renda per capita, por exemplo. Para entender como as variáveis que eu estava estudando impactavam a educação e quais outros fatores poderiam estar em jogo, escolhi municípios cujos resultados educacionais minha fórmula previa muito bem, assim como municípios que tinham resultados completamente diferentes do esperado. Desse modo, cheguei à lista dos sete municípios que visitei: Sobral, que tinha sido a inspiração para muitas das ideias que eu estava analisando na minha investigação; Foz do Iguaçu e Vera Cruz do Oeste, no Paraná; Porangaba, em São Paulo; Andrelândia e Careaçu, em Minas Gerais; e Pirenópolis, em Goiás.

Como aquelas seriam as minhas últimas férias de verão, aproveitei para também ter uma experiência no setor privado. Queria aprender sobre gestão, que sabia ser muito importante para a educação. Foi assim que decidi fazer um estágio na empresa de consultoria Falconi. Ali, eu e outros estagiários fizemos um curso intensivo de duas semanas sobre os principais conceitos de gestão. Depois do curso, eu e um colega trabalhamos com dois grupos de consultores, um que estava atuando em uma construtora e incorporadora e outro que estava desenvolvendo um projeto em uma editora. Nós aprendemos muito nas várias horas dedicadas aos dois projetos, e passei a ver as ferramentas de gestão como instrumentos muito poderosos que eu poderia usar em qualquer lugar.

Terminado o meu estágio na Falconi, comecei minhas viagens pelo Brasil. Como o dinheiro estava curto, muitas delas foram feitas em longos trajetos de ônibus, tempo que aproveitei para ler. Algumas viagens não eram muito seguras e eu não tinha como saber se o prefeito, o secretário de Educação ou as equipes escolares me receberiam. No entanto, depois de algumas remarcações e certa desconfiança em relação à minha pouca idade e à minha pesquisa, eu consegui fazer todas as entrevistas e visitas que precisava.

A minha orientadora tinha razão quando disse que eu tinha que falar com as pessoas e conhecer a realidade delas para entender o que os números estavam dizendo. Uma das conclusões das minhas análises estatísticas era de que, especialmente em municípios pequenos e pobres, eleições acirradas tinham um impacto negativo nos resultados educacionais. O que ouvi de muitos entrevistados foi que uma eleição acirrada acabava interferindo no ambiente escolar, antes e depois do pleito. Como muita coisa estava em jogo, quanto mais disputada a eleição, mais o ambiente escolar ficava polarizado, criando conflitos entre os apoiadores de diferentes partidos e predispondo os funcionários que apoiavam a oposição a quererem sabotar a administração incumbente. Isso acontecia porque, em muitos casos, os apoiadores dos políticos eleitos eram recompensados com cargos na Secretaria de Educação e na direção das escolas, enquanto os opositores eram perseguidos com atrasos na carreira e alocações nas turmas consideradas mais difíceis.

Uma outra conclusão da minha tese foi de que mudar o partido que estava no poder também tinha um impacto negativo nos resultados educacionais.

Eleições municipais que levavam a uma troca do grupo político que comandava a prefeitura desencadeavam uma série de demissões e descontinuação dos projetos da secretaria, independentemente de quão bons fossem. Como eu ouvi de um prefeito, você não podia "dar ibope" para a gestão anterior. Com frequência, nenhuma transição acontecia, e eu ouvi inclusive o relato de uma equipe que chegou para assumir a Secretaria de Educação e encontrou todos os documentos da gestão anterior queimados.

No final, o que a minha tese me mostrou é que reformas educacionais como as que aconteceram em Sobral, como o fim da indicação política de diretores escolares, têm mais chance de acontecer quando o grupo político eleito tem um programa claro que reconhece a importância da educação. No entanto, isso não é suficiente. Essas reformas só vão poder mostrar seus resultados, e de fato melhorar a qualidade da educação, se elas tiverem continuidade, o que, em muitos casos, só acontece se o grupo político eleito ficar no governo municipal por mais de um mandato. No final do dia, a minha pesquisa confirmou algo que eu já suspeitava. A nossa educação continua avançando tão lentamente não devido a problemas técnicos, e sim políticos. Afinal de contas, municípios Brasil afora já demonstraram que o sonho de uma educação pública de qualidade não é impossível. Mais uma vez, eu estava chegando à conclusão de que a educação só poderia ser transformada por meio da política.

O meu trabalho com o Movimento Mapa Educação e a minha pesquisa fizeram com que eu fosse convidada para o programa Lemann Fellowship da Fundação Lemann, uma organização familiar e sem fins lucrativos que oferece bolsas de estudos para alunos que cursam uma pós-graduação no exterior e desejam trabalhar com impacto social no Brasil. Como eu recebia uma bolsa de estudos integral de Harvard, a minha participação na rede de Lemann Fellows foi excepcional por duas razões. Eu era uma das poucas estudantes de graduação em um programa desenhado para pós-graduandos e, apesar de não receber nenhum apoio financeiro da fundação, pude ter acesso a uma rede de pessoas mais velhas que já estavam, de alguma forma, transformando a realidade do nosso país. Essa era a primeira vez que eu tinha contato com tantos brasileiros que trabalhavam no setor público ou no terceiro setor, e conhecer essas pessoas e ouvir o que elas estavam fazendo foi muito inspirador para mim.

Dois meses antes de me graduar, eu entreguei as quase duzentas páginas que compunham a minha tese de graduação e fiz a mala para realizar minha última viagem representando a universidade. Ao longo dos quatro anos, tive muitas oportunidades de viajar por Harvard. Em uma dessas ocasiões, dei aulas de inglês para crianças no Japão. Em outra, trabalhei com meninos vítimas de abuso sexual nas Filipinas — esse foi, com certeza, um dos trabalhos voluntários mais difíceis que já fiz e que mais me impactaram, pois abriu meus olhos para um problema grave que, inclusive aqui no Brasil, atinge majoritariamente as crianças. Também pude coordenar os comitês em espanhol da HACIA Democracy, que todos os anos promove a maior simulação do mundo da Organização dos Estados Americanos (OEA) para alunos do ensino médio. Depois de ter ajudado a organizar edições anteriores da conferência no Panamá e no México, eu estava indo para a Costa Rica.

Quando a conferência daquele ano acabou, viajei com os meus colegas da faculdade para Tamarindo, que fica a 261 quilômetros de San José. Tudo estava indo bem até que eu e quatro amigos resolvemos entrar no mar com duas pranchas de surfe pequenas.

Ainda que o horário — eram seis da tarde — não tenha sido uma escolha muito inteligente, eu e o meu amigo Viet Tran éramos os mais distantes e a água só batia na metade do corpo quando tudo começou. Uma onda levou a nossa prancha, e o mar começou a subir muito rapidamente. O Max Liebeskind — que estava na metade do caminho — veio em nossa direção e começou a ajudar o Viet, pois ele estava mais assustado do que eu. No entanto, logo percebi que não iria conseguir sair e comecei a gritar para que o Renan Ferreirinha viesse me ajudar. O Renan não pensou duas vezes e entrou no mar com a outra prancha. Assim que ele me alcançou, uma onda muito forte levou a nossa segunda prancha e nos arrastou para o fundo. Quando conseguimos voltar à tona, estávamos ainda mais distantes da praia. E foi aí que o nosso desespero começou.

Segurando um no outro, nadamos contra a correnteza por muito tempo, mas fomos ficando cada vez mais distantes da praia, até que escureceu e já não víamos mais nada. As ondas vinham cada vez mais fortes e estava se tornando muito difícil voltar à superfície. Depois de apanharmos muito, o Renan me convenceu a sair de onde as ondas estavam quebrando e nadar em direção ao mar aberto. Por mais que essa ideia fosse contraintuitiva, provavelmente foi o que nos salvou e permitiu que aguentássemos por mais de uma hora.

Eu sabia que o hotel não tinha nenhuma estrutura para nos resgatar e que não teriam ideia de onde estávamos a essa altura, então comecei a aceitar que morreríamos ali. Durante o tempo que ficamos lá, nadando e segurando um no outro, eu pensei em muitas coisas, grandes, pequenas, sérias e engraçadas. Pensei em tudo o que tinha enfrentado para chegar até ali, no sonho de uma educação pública de qualidade que eu e o Renan compartilhávamos e que estaríamos no *Crimson* — o jornal da universidade — no dia seguinte. Me perguntei também se a minha mãe suportaria mais uma perda — fazia exatos quatro anos e quatro dias que havíamos perdido o meu pai —, se a mãe do Renan, Fátima, me perdoaria um dia e por quanto tempo mais eu conseguiria lutar contra o cansaço que estava sentindo. Se o Renan não estivesse ali comigo me dizendo que tudo ficaria bem, provavelmente eu teria desistido e simplesmente me deixado levar pelo mar.

O que sei sobre o que aconteceu na praia, eu escutei do Daniel Martínez, do Max e do Viet. Quando viu que a gente não estava conseguindo sair do mar, o Daniel foi em busca de ajuda. O salva-vidas do hotel já tinha ido embora, então um homem que estava na praia com o filho e a esposa decidiu nos ajudar. Nós descobrimos depois que o Nacho era argentino e tinha uma loja de eletrônicos em Tamarindo. No dia seguinte, ele me contou que tinham encontrado um corpo no mesmo local meses antes e que isso fez com que ele não pensasse duas vezes antes de ajudar, pois sabia que muitas pessoas já tinham morrido ali. Nacho pegou uma prancha do hotel e foi para a praia. Quando chegou lá, ninguém sabia onde a gente estava, com exceção do Viet, que dizia escutar nossos gritos e, no que eu acredito ter sido um milagre, apontou corretamente a nossa direção.

Ouvimos um barulho e começamos a gritar. Quando o Nacho apareceu na nossa frente, eu não conseguia acreditar que alguém havia nos encontrado e comecei a chorar. O Nacho nos disse que já havia salvado muitas pessoas com aquela prancha, e nós acreditamos nele. Eu e o Renan seguramos a prancha azul como podíamos enquanto o Nacho a empurrava. Depois de algum tempo, conseguiram ver a gente e um hóspede do hotel — Alon, um israelense que morava na Califórnia — também entrou no mar e nos ajudou.

Quando saímos, eu só conseguia pensar que era um milagre estar viva. Estar tão próxima da morte e ser lembrada de que nossos dias aqui na terra são contados me fez decidir que, a partir daquele momento, eu não deixaria mais que o medo me detivesse e buscaria viver todos os meus dias com coragem, como se todas as oportunidades que a vida me apresentasse fossem as últimas. Com isso em mente, decidi resolver uma das coisas que mais me incomodavam, que era o fato de, passados mais de seis anos desde que meu pai havia me contado que eu não era sua filha biológica, eu ainda não saber absolutamente nada sobre a minha família biológica paterna. Foi assim que poucos meses depois de ter me formado, aos 22 anos, com a ajuda da minha tia Edite, eu finalmente os conheci. Foi um encontro difícil, e eu, minha mãe e meu irmão, que foram comigo, não sabíamos o que dizer quando vimos meu pai biológico, avôs, tios e primos. Eles me contaram que me acompanhavam nas redes sociais, e, quando eu questionei o porquê de nunca terem me procurado, meu pai biológico me disse que quis respeitar a decisão do meu pai de me criar como sua filha. Apesar de esse encontro não ter mudado o fato de ele ter se ausentado de toda a responsabilidade que vem com uma gravidez, foi importante para mim conhecê-los pessoalmente. Ao ter conhecimento de tudo o que tinha acontecido, eu senti que por fim me tornava inteiramente dona da minha história. Além disso, saí de lá com um grande presente, a Aline, minha irmã mais nova que, em pouco tempo, passei a amar muito.

Com uma alegria enorme por estar viva, dois meses depois de a vida ter me dado uma segunda chance, em maio de 2016, eu me formei *magna cum laude* com honras máximas em ciência política, com um curso secundário em astrofísica. Ao meu lado estavam a minha mãe, o meu irmão, a minha amiga Ligia Stocche e a Silvinha, que eu havia conhecido em 2006, quando ela era a coordenadora do curso de matemática para os medalhistas da OBMEP no Colégio Etapa e que, desde então, esteve ao meu lado sempre que precisei. Sabendo que eu não teria condições de comprar o anel de formatura de Harvard, ela e alguns dos meus professores do Etapa não só me deram o anel de presente como também gravaram um vídeo muito fofo e engraçado para que eu soubesse que eles continuavam me apoiando e que estavam orgulhosos de mim. Foi com muita gratidão e o sentimento de dever cumprido que fiz minhas malas para voltar para casa. Eu sabia que sentiria muita saudade dos amigos que tinha feito ali, dos meus professores e da faculdade. Sabia também que uma vida completamente diferente me esperava no Brasil.

DO PROPÓSITO AO ATIVISMO

Em maio de 2016, quando me formei, o Brasil estava vivendo a segunda maior crise econômica da nossa história até então e, dos estudantes brasileiros que também estudaram fora, poucos estavam retornando ao nosso país. No entanto, eu estava decidida não só a voltar para São Paulo, como também a buscar um emprego que, de alguma forma, se conectasse com o meu sonho de que um dia tivéssemos escolas de qualidade para todos. Eu não sabia exatamente como nem por onde começar, mas tinha certeza de que queria trabalhar com educação.

Seria o meu primeiro emprego depois de formada, e o meu principal objetivo era aprender. Eu queria continuar aprendendo sobre gestão, o que, para mim, era e ainda é um conjunto de processos que nos permite tirar ideias do papel e colocar projetos de pé, independentemente de quão difíceis sejam. Também desejava trabalhar em um lugar onde eu tivesse autonomia para acertar e errar, pois sempre aprendi mais rápido quando pude pôr em prática o que me estava sendo ensinado. Recebi ofertas de emprego de algumas fundações e empresas. No entanto, em apenas um lugar, por menos óbvio que fosse, eu vi a possibilidade de trabalhar com educação e, ao mesmo tempo, aprender a ser uma boa gestora, tanto na teoria quanto na prática. Depois de conversar com muita gente e refletir bastante, escolhi trabalhar na Ambev, que me ofereceu a possibilidade de participar de um programa global de trainee e, simultaneamente, liderar a criação de um pilar de educação dentro da área de responsabilidade social da companhia, consolidando projetos já existentes e elaborando novos. Estava ciente de que aquele emprego exigiria conhecimentos e habilidades que eu ainda não tinha, mas também sabia que teria a chance de impactar milhares de pessoas.

O período de um ano e meio em que trabalhei na companhia foi, de longe, uma das fases em que eu mais aprendi e me desenvolvi profissionalmente. Por isso mesmo, foi também um dos mais desafiadores da minha vida. O programa de trainee da Ambev tem duração de dez meses e exige dedicação em tempo integral de todos os participantes. No entanto, quando o treinamento começou, eu já estava trabalhando na estruturação do pilar de educação da empresa, que também demandava dedicação integral. Como essa era uma área nova e eu não tinha um time com quem dividir as tarefas, não era raro trabalhar das seis da manhã até tarde da noite nos meses em que me dividi entre os projetos de educação e o treinamento.

Uma das principais iniciativas do pilar de educação tinha como objetivo o financiamento de bolsas de estudos para filhos de funcionários da companhia. Uma grande preocupação minha nesse projeto era garantir que o maior número possível de bolsas fosse destinado para as famílias que mais precisavam. Como alguém que teve sua vida transformada por uma oportunidade parecida, eu sabia o poder que o projeto tinha de efetivamente dar um futuro diferente para aqueles estudantes. Além disso, eu sabia que ele tinha o potencial de ampliar o horizonte não só dos alunos selecionados, mas também dos funcionários da companhia. Foi com o objetivo de conectar mundos que geralmente não conversam entre si, e de conquistar outros funcionários da empresa para a causa da educação, que criei um projeto por meio do qual funcionários em cargos de chefia passaram a ser mentores dos nossos bolsistas.

Os meus momentos favoritos na Ambev foram aqueles em que pude aprender e trabalhar com outras pessoas, como os alunos e parceiros dos nossos projetos de educação, os operadores da fábrica de Uberlândia e os vendedores de Brasília, cidades nas quais fiz parte do meu treinamento. Essas experiências me mostraram que, fosse em um laboratório ou em um escritório, eu realmente não tinha nascido para trabalhar sozinha.

Mesmo com uma rotina pesada na Ambev, depois de formada, continuei dedicando as minhas noites e fins de semana às ações do Movimento Mapa Educação. Aos poucos, o meu trabalho com o Mapa foi me levando cada vez mais para a política. Eu tinha consciência de que a educação só mudaria a partir da transformação da política e dos políticos, mas foi um longo processo até que eu deixasse de ver a política como um obstáculo aos nossos esforços e começasse a acreditar que ela poderia ser parte da solução, e não apenas do problema.

Durante a faculdade, eu tinha conhecido e me tornado amiga de estudantes brasileiros não só da graduação, mas também das diferentes escolas de pós-graduação de Harvard, como as de educação, governo e negócios. Foi essa rede de alunos que fundou a Brazil Conference, uma conferência anual organizada nas universidades Harvard e MIT para que representantes de governos, empresas e ONGs possam debater os principais problemas enfrentados pelo nosso país com grandes acadêmicos do Brasil e do exterior. Com o meu amigo Renan Ferreirinha, fui responsável pelo pilar de educação da I Brazil Conference, que aconteceu em 2015.

Depois de formada, continuei próxima de muitas dessas pessoas e, sempre que nos encontrávamos, falávamos dos nossos sonhos para o Brasil. Com o tempo, fomos percebendo que todos que já haviam lutado por uma causa, de uma forma ou de outra, viam a política como uma barreira que impedia que as coisas de fato mudassem. Não importava muito a área de atuação — desenvolvimento sustentável, transparência governamental ou saúde pública —, todos tinham histórias para compartilhar do quanto, no final do dia, muitas mudanças eram lentas ou, até mesmo, eram revertidas ou sequer aconteciam, por razões políticas. Era o secretário que tinha sido indicado por um partido da base aliada do governo e colocava os interesses partidários acima dos interesses da população, as nomeações que eram distribuídas entre apoiadores que muitas vezes não entendiam nada do assunto ou os projetos que eram interrompidos porque tinham sido criados durante o governo anterior. Todo mundo com quem eu conversava sentia uma grande frustração em relação a esses empecilhos e queria poder fazer alguma coisa para mudar essa realidade. No entanto, foi só depois de várias conversas, alguns meses e uma tentativa frustrada que, em 2017, eu, o Renan, o José Frederico Lyra Netto, o Felipe Oriá e o Bruno Santos fundamos o Movimento Acredito. Pouco tempo depois, o Samuel Emílio Melo também se somou ao time.

Em julho de 2017, nós lançamos o Acredito em capitais nas cinco regiões do país, convidando as pessoas para serem parte do movimento. Somando os aprendizados de todos que estavam construindo o Acredito, o movimento estruturou sua ação em três pilares. O primeiro era o de agenda, pois a gente entendia ser extremamente importante que o movimento traduzisse em propostas o que significava defender um país mais justo, desenvolvido e ético. Como coordenadora desse pilar, eu trouxe especialistas em educação, segurança, empreendedorismo, reforma política e reforma previdenciária para debaterem com os membros dos nossos núcleos Brasil afora. Construir uma agenda comum para o movimento em meio a tanta polarização foi difícil, mas se mostrou uma tarefa muito importante e gratificante, especialmente em um momento em que um grupo falava de inclusão social, outro de desenvolvimento econômico e um terceiro do combate à corrupção, como se não pudéssemos e não devêssemos defender as três coisas ao mesmo tempo.

O segundo pilar do movimento era o de mobilização e colocava em prática o que estávamos aprendendo sobre organização comunitária. Para explicar o significado dessa expressão, preciso falar de um livro que um grande amigo, o Gustavo Empinotti, me emprestou quando, junto com o Gabriel Dolabella, nós dividíamos a presidência do Movimento Mapa Educação. *However Long the Night*, de Aimee Molloy, cujo título vem do provérbio africano que diz que "por mais longa que seja a noite, o amanhecer certamente chegará", narra a trajetória de Molly Melching, uma ativista americana, e da ONG Tostan, fundada por ela há quase três décadas. A Tostan tem como um de seus objetivos abolir a mutilação genital feminina, que é a remoção parcial ou total dos órgãos sexuais externos femininos, motivada por fatores religiosos e/ou sociais. Para além da dor e do sofrimento gerados, essa prática origina problemas físicos e mentais graves, que perduram por toda a vida. Ainda hoje, pelo menos 200 milhões de meninas e mulheres são vítimas de mutilação genital. A Tostan também trabalha pelo fim do casamento forçado e infantil em países da África Ocidental e Oriental. O trabalho da organização é responsável pelo fato de mais de 8,5 mil comunidades, em oito países africanos, já terem se comprometido publicamente a abandonar a mutilação genital feminina e o casamento forçado e infantil.

Diferentes instituições, entre elas a Organização das Nações Unidas (ONU), diversas ONGs e governos, tentam, há décadas, acabar com essas práticas. Para isso, não é raro que essas organizações foquem seus esforços em conseguir o comprometimento de governos nacionais e locais. Na prática, no entanto, esses acordos não significam muita coisa. Mesmo quando os governos estão de fato dispostos a cumprir a palavra dada, as comunidades se mostram resistentes em abandonar o que, para elas, se trata de uma parte importante de sua cultura. Quando a decisão de abolir a mutilação genital feminina ou o casamento forçado e infantil vem de cima para baixo, um membro da comunidade que resolva, unilateralmente, renunciar a tais tradições sofre graves sanções de outros membros do grupo. Meninas que não passam pelo ritual da mutilação genital, por exemplo, são vistas como impuras e excluídas do dia a dia de suas comunidades. Não basta que algumas pessoas entendam que essas práticas são nocivas para suas filhas. Toda a comunidade deve tomar a decisão de abandonar tais costumes para que cada família tenha, de fato, essa opção. Para isso, é necessário mais do que a assinatura de um acordo.

Quando a Tostan chegava a uma nova comunidade, uma das primeiras ações era alfabetizar as mulheres. Ensiná-las a ler e escrever significava dar a elas a possibilidade de estudar sobre temas que impactavam seu dia a dia, como questões relacionadas à saúde e à agricultura, além de proporcionar uma oportunidade para que pudessem conversar sobre suas vidas. Foi assim que um grupo de mulheres teve coragem de falar sobre a mutilação genital feminina pela primeira vez. Algum tempo depois, essas mesmas mulheres foram as responsáveis por levar sua comunidade a acabar, de uma vez por todas, com tradições que, por mais antigas que fossem, eram extremamente danosas para as suas meninas. O exemplo dado por essas mulheres inspirou milhares de comunidades a trilharem o mesmo caminho, mostrando que a educação é um instrumento muito poderoso de transformação, não apenas por tudo o que ela muda dentro da gente, mas também pelas ferramentas que nos dá para mudar o nosso entorno.

Para nós, o principal aprendizado do livro se resumia à expressão "organização comunitária". O trabalho realizado pela Tostan mostra que transformações reais e profundas só são possíveis quando todos os cidadãos são envolvidos na construção das soluções, por mais que governos insistam em resolver as coisas de cima para baixo, sem ouvir aqueles que serão diretamente impactados. Esse livro foi muito importante para mim porque dava um nome para algo que eu já tinha vivido com o Mapa Educação e que estava tendo a oportunidade de viver novamente com o Movimento Acredito. No que nós chamávamos de pilar de mobilização, grupos de voluntários do Acredito estavam se organizando nas cinco regiões do país para resolver problemas locais. Do nosso núcleo em Rio Branco, que criou um bloco de Carnaval para falar sobre a importância do uso da camisinha e parou o trânsito para conscientizar as pessoas sobre a proteção do meio ambiente, ao nosso núcleo em

Florianópolis, que, na luta por mais transparência nos gastos do transporte público, conseguiu a instauração de uma CPI na Assembleia Legislativa de Santa Catarina e freou o aumento da tarifa, núcleos do movimento começaram a se organizar em todo o Brasil para reduzir o uso de plástico em festas universitárias, incentivar jovens a tirar o título de eleitor e oferecer formação política em escolas públicas.

O terceiro e último pilar do movimento era o de renovação, que desde o começo tinha como objetivo mobilizar pessoas de fora da política para que fossem candidatas e candidatos pela primeira vez. É importante dizer que, para a gente, não fazia sentido falar sobre renovação sem diversidade. Nós acreditávamos que a renovação da nossa política passava, necessariamente, por um Congresso, assembleias legislativas e câmaras de vereadores que tivessem mais a cara do Brasil e de fato representassem a diversidade do nosso povo. Assim, decidimos que trabalharíamos para que pelo menos um terço dos candidatos vindos do movimento fosse, necessariamente, composto de mulheres e um terço de negros. Essa decisão fez com que a gente tivesse que reabrir nossa chamada pública para candidatos algumas vezes, pois é muito mais difícil para pessoas desses grupos se verem na política. Apesar de todo o trabalho envolvido, a decisão de honrar o nosso compromisso com a diversidade se mostrou muito acertada e se desdobrou em outras ações. Entre elas, há uma regra que diz que todos os núcleos do movimento devem ter pelo menos uma mulher e uma pessoa negra como coordenadores.

Vendo que o Acredito estava crescendo, em setembro de 2017, pessoas ligadas a outros movimentos políticos começaram a propagar uma série de *fake news* sobre mim e o movimento nas redes sociais. Comparados com o que enfrento hoje em dia, aqueles ataques eram pequenos, mas doeram muito e fizeram com que eu me questionasse se realmente queria seguir por aquele caminho. Quando via fotos minhas e da minha família serem compartilhadas com informações completamente mentirosas sobre a minha origem e os meus posicionamentos, eu sentia medo, tristeza e raiva. Não entendia o porquê daquilo tudo e demorei a perceber que, cada vez que eu ocupasse um espaço maior na política, isso iria incomodar e, em lugar de criticar as minhas ideias, as pessoas tentariam me intimidar. Essa foi a primeira das muitas vezes em que alguém tentou desconstruir a minha trajetória. Sempre recebi bolsas de estudos integrais das próprias instituições onde estudei e a única fundação da qual havia recebido qualquer apoio era a Estudar, que é financiada por centenas de pessoas e tem como condição que todo o valor recebido seja devolvido alguns anos depois para que outros estudantes também possam ser apoiados. Ainda assim, começaram a dizer que eu era financiada por grandes empresários e estava a serviço dos seus interesses. Segundo esses ataques, eu ora era financiada por grandes comunistas, ora por grandes capitalistas. A primeira vez que ouvi o nome George Soros foi quando começaram a espalhar que eu era financiada pelo bilionário húngaro-americano. No entanto, a verdade é que, se alguém me financiou, foram os meus professores. Foram eles que, quando nós não tínhamos dinheiro, pagaram pelas minhas refeições. Foram eles também que batalharam para que eu pudesse estudar inglês e fosse aceita nas melhores universidades do mundo. Os meus professores e o meu esforço eram os verdadeiros responsáveis por eu ter chegado até ali e estar defendendo aquelas ideias.

O que mais me machucava nessa história toda era que, não importava o quanto eu apresentasse os fatos, algumas pessoas simplesmente escolhiam acreditar nessas notícias, independentemente de quão fantasiosas elas fossem. Outra coisa que me incomodava era saber que os ataques eram direcionados a mim porque as pessoas acreditavam que seria mais fácil me intimidar. Algo que o tempo me mostrou é que todas as críticas e ataques tinham um quê a mais de maldade por eu ser mulher. Os comentários sobre a minha aparência e o meu tom de voz eram seguidos por mensagens pornográficas e ameaças, revelando que o fato de eu ser uma mulher jovem fazia com que as minhas ideias incomodassem muito mais.

Um mês depois do início dos primeiros ataques, em outubro de 2017, eu recebi um dos maiores incentivos que poderia ter. Quando fiquei sabendo que o presidente Barack Obama viria para São Paulo, acreditei que aquela seria a minha chance de realizar o sonho de conhecê-lo. No entanto, quando descobri que os ingressos do evento no qual ele falaria custavam entre 5 mil e 7,5 mil reais, minha esperança de vê-lo foi por água abaixo. Por isso, quase pulei de felicidade quando uma amiga que trabalhava no EducationUSA na época em que fiz o vestibular para as universidades americanas, a Andreza Martins, me disse que tinha conseguido dois ingressos para o evento, um para mim e outro para um rapaz que, assim como eu, também tinha vindo de escolas públicas e estava se graduando no exterior. Se essa notícia tinha me deixado em êxtase, imagine só como eu me senti quando uma pessoa da Fundação Obama entrou em contato comigo para informar que o presidente gostaria de conhecer jovens brasileiros que estavam fazendo a diferença em suas comunidades e que eu era uma das onze pessoas selecionadas para participar dessa conversa.

Aquele foi um dos dias mais especiais da minha vida. Eu estava tão ansiosa que tive dor de barriga. Quando o presidente Obama entrou na sala, cumprimentou a todos e pediu que cada um contasse quem era e o que estava realizando, eu achei que não fosse conseguir me comunicar, de tão nervosa que estava. No entanto, consegui falar da minha trajetória, do meu trabalho com os movimentos, do quão difícil era mobilizar voluntários do país inteiro e dos ataques que eu estava sofrendo. Em sua resposta, ele se comprometeu a compartilhar a sua experiência com mobilização de pessoas e, antes de ir embora, apertou a minha mão bem forte e disse que eu não estava sozinha e que eu deveria me lembrar constantemente que *"yes, we can"*, "sim, nós podemos". Como ele mesmo disse, nós precisamos acreditar na nossa capacidade de promover a mudança.

Esse encontro me ajudou a entender que eu só incomodava tanto porque estava ocupando um lugar que as pessoas não queriam que eu ocupasse. Enquanto os ataques pretendiam me amedrontar e me fazer desistir do caminho que havia começado a trilhar, com o tempo compreendi que eles só aconteceram porque essas pessoas me viram na política muito antes de que eu mesma me visse nesse lugar.

Cresci ouvindo o meu pai reclamar e, às vezes, brigar com as pessoas que vinham todo ano eleitoral com o objetivo de pintar o número de algum candidato no nosso muro. Essa prática era especialmente comum em regiões periféricas como a minha. O problema é que ninguém conversava com as pessoas ou perguntava em quem elas queriam votar. A divisão da comunidade entre os candidatos "da região" era feita por cabos eleitorais. De certa forma, esse foi o meu primeiro contato com a política e, evidentemente, não foi muito inspirador. Eu não conhecia ninguém da nossa comunidade que tivesse sido eleito e, quando encontrava algum político, nas conferências que a gente organizava na universidade ou nas ações do Mapa Educação, eu achava que não tinha nada a ver com eles. Os políticos que eu tinha visto, pessoalmente ou nos noticiários, eram em sua maioria homens mais velhos com origens muito diferentes da minha. Não era de estranhar que eu achasse que a política não fosse para mim.

Pouco tempo depois dos ataques que sucederam o lançamento do Movimento Acredito, tomei uma decisão muito importante. Por mais que estivesse doando todo o tempo livre que tinha, eu sabia que os movimentos poderiam ter um impacto muito maior se, para além dos voluntários, nós tivéssemos também pessoas trabalhando em tempo integral. A decisão de sair da Ambev, no entanto, não foi nada fácil, especialmente porque eu e a minha família dependíamos do meu salário. Para mim, foi determinante ver outras pessoas tendo a coragem de também deixar o emprego para se dedicar totalmente aos movimentos. O José Frederico já tinha pedido demissão para poder coordenar o Acredito, e algo parecido estava acontecendo com o Mapa. O Gustavo Empinotti e a Isabella Rozzino já haviam decidido deixar posições seguras para poderem trabalhar no movimento, decisão que também seria tomada pela Wesla Monteiro algum tempo depois.

Na Ambev, eu tinha acabado de concluir o treinamento e deixar o pilar de educação de pé. Foi assim que, no final de 2017, pedi demissão e comecei a me dedicar integralmente ao ativismo e à minha coluna na rádio CBN São Paulo, trabalho recém-iniciado. Aceitei o convite para ser colunista de educação da CBN com um pouco de medo, pois eu nunca tinha trabalhado com comunicação. No entanto, foram necessários poucos meses para que eu me apaixonasse pelo rádio. Minha âncora, Fabíola Cidral, e os nossos ouvintes foram extremamente generosos e pacientes comigo, e esse trabalho foi um dos mais bacanas que eu já tive e um dos quais sinto mais saudade.

Terminei o ano de 2017 me dividindo entre o Acredito, o Mapa, a rádio CBN e um trabalho que eu havia iniciado antes mesmo da faculdade. Vendo a falta de perspectiva e sonhos dos jovens quando chegavam ao ensino médio, eu realizava palestras de forma voluntária em escolas e projetos sociais, falando sobre as oportunidades que a educação tinha me dado. Vez ou outra uma empresa também me convidava para palestrar para os seus funcionários e algumas dessas conversas eram remuneradas. Desse jeito, eu continuava fazendo a nossa conta fechar no final de cada mês.

No começo de 2018, junto com outras 132 pessoas de 23 partidos diferentes, fui selecionada com uma bolsa de estudos para a primeira turma do RenovaBR. O Renova é uma organização suprapartidária e sem fins lucrativos mantida por doações de pessoas físicas e instituições filantrópicas. A organização foi fundada pelo empresário Eduardo Mufarej para preparar pessoas que querem entrar para a política, contribuindo assim para uma maior renovação e para que tenhamos líderes públicos mais capacitados. No curso, nós tivemos aulas com os maiores especialistas do país sobre gestão fiscal, desenvolvimento social, liderança, funcionamento do legislativo, comunicação política e muitas outras áreas. O Renova entendeu algo que, muitas vezes, só quem já tentou se candidatar sabe. Se você não vem de uma família de políticos, não conta com a estrutura e os recursos de um partido e não tem condições financeiras de abandonar tudo o que faz, se candidatar é quase um ato de loucura, e você precisará de muita ajuda para não desistir antes mesmo do início da campanha eleitoral.

Quando me inscrevi no Renova, eu fui sincera e disse que não sabia se me candidataria nas eleições de 2018, mas que aquela oportunidade seria extremamente importante para que eu pudesse continuar o meu trabalho com o Movimento Acredito, ajudando outras pessoas, especialmente mulheres, a se candidatarem. Por mais que acreditasse no trabalho que estávamos fazendo, eu ainda não me via como candidata. Felizmente, eles me aceitaram mesmo assim.

Alguns meses depois, eu também fui selecionada para o Programa de Apoio ao Desenvolvimento de Lideranças Públicas, criado pela Rede de Ação Política pela Sustentabilidade (RAPS) em parceria com a Fundação Lemann. A RAPS tem como missão formar, conectar, apoiar e desenvolver lideranças políticas comprometidas com a sustentabilidade e hoje conta com 677 membros de 29 partidos diferentes. Ela foi fundada pelo empresário Guilherme Leal e pelo ambientalista e político Ricardo Young, entre outros, e é mantida por doações de pessoas físicas e instituições sem fins lucrativos. Por meio de um curso e de uma bolsa de estudos, o Lideranças Públicas possibilitou que pessoas dos mais diferentes partidos pudessem participar de uma formação intensa focada em educação, saúde e segurança.

Para além de tudo o que aprendi, ter sido aluna do RenovaBR e do Lideranças Públicas foi importante para que eu tivesse a coragem de decidir me candidatar. Por mais que eu e as outras pessoas que fizeram os dois cursos comigo tivéssemos visões de mundo e posicionamentos bastante diferentes, todos ali acreditavam que a política era um lugar de transformação e estavam abrindo mão de muitas coisas por isso. Ao conhecer pessoas que têm o mesmo sonho que você, por mais incomum que o seu sonho seja, você começa a acreditar que talvez ele não seja tão louco assim.

Antes de finalmente decidir se iria ou não me candidatar, eu tinha um grande problema a resolver, que era o fato de nunca ter me filiado a nenhum partido político. Sabendo que essa seria a maior dificuldade de todos aqueles que tentariam entrar para a política, o Movimento Acredito tinha assinado cartas-compromisso com cinco partidos: Cidadania, PDT, PSB, PV e Rede Sustentabilidade. Membros do movimento haviam se reunido com representantes de diferentes partidos para apresentar as nossas bandeiras, buscando entender quais estavam dispostos a abrir suas portas para pessoas que nunca tinham se candidatado. Nós tentamos conversar com o maior número possível de partidos para os quais a ideia de termos um Brasil socialmente justo, economicamente desenvolvido e ético pudesse fazer algum sentido, mas alguns não nos levaram muito a sério e outros acharam que o esforço não valeria a pena, e somente esses cinco aceitaram as nossas condições e se mostraram abertos a receber os membros do Acredito. Olhando para trás, mesmo dentre esses cinco, eu imagino que alguns deles de fato queriam estar mais conectados com a sociedade. Acredito que outros, no entanto, simplesmente acharam que os membros do movimento não tinham a menor chance de serem eleitos, mas, para além de trazer alguns votos, ajudariam o partido a se mostrar mais ligado a uma sociedade que demandava uma renovação na política. Conversei apenas com os partidos que haviam assinado a carta-compromisso com o Acredito, e acabei optando pelo Partido Democrático Trabalhista (PDT). Naquele momento, foi a escolha que mais fez sentido para mim. Por ser o partido do grande educador Darcy Ribeiro (1922-97) e ter entre seus filiados pessoas que haviam participado da transformação da educação pública em Sobral e no Ceará, acreditei que aquele seria o melhor lugar para dar continuidade à minha luta por uma educação pública de qualidade.

Alguns meses depois, no dia 8 de julho de 2018, conheci uma das minhas maiores inspirações que, mesmo sem saber, me incentivava a continuar sonhando. A ativista paquistanesa Malala Yousafzai veio ao Brasil, e eu fui convidada para conhecer a mais jovem vencedora do prêmio Nobel da Paz, que, por defender o direito à educação das meninas no seu país, havia sido baleada pelo grupo terrorista Talibã. O que mais me marcou quando a conheci foi ver de perto a força e a coragem de uma jovem mulher, não muito mais nova do que eu, que tinha enfrentado todo tipo de dificuldade por acreditar que meninas e meninos deveriam ter as mesmas oportunidades, começando pela educação. Sem conseguir crer que tudo aquilo estava de fato acontecendo, almocei e dividi um palco com uma das pessoas que mais admiro em todo o mundo. Em sua fala, Malala disse que, por mais que nos sintamos sem esperança ou com raiva, não podemos esquecer que a nossa luta e o nosso ativismo têm o poder de mudar as coisas. Por isso, não devemos esperar que alguém fale por nós. Nós temos de erguer a nossa voz.

Dentre todas as pessoas que me inspiraram e me motivaram, uma foi especialmente importante para que eu enfim tomasse a decisão de me candidatar a deputada federal. Conheci a Laiz Soares nas reuniões do Acredito. Ela é de Divinópolis, Minas Gerais, e estava trabalhando em São Paulo como gerente de projetos em uma grande instituição. Vendo meu esforço para que o movimento tivesse mais candidatas mulheres, ela insistiu por muito tempo que eu deveria me candidatar. Certa de que ela não aceitaria, um dia eu lhe disse que só me candidataria se ela aceitasse coordenar a minha campanha. Depois de algum tempo, ela abandonou o emprego de alguns anos e eu me vi com uma coordenadora altamente qualificada. Ela acreditava que eu poderia fazer a diferença na política e eu confiei na capacidade dela como gestora. Nós nunca tínhamos participado de uma campanha, mas decidimos que aprenderíamos juntas.

Só comecei a dizer para as pessoas que seria candidata no final de julho, a menos de três meses das eleições. Uma grande razão pela qual demorei tanto a me decidir é que uma parte de mim sempre soube que a política era um ambiente extremamente duro, sobretudo para as mulheres, e eu tinha medo do que enfrentaria. Eu sabia que a minha experiência com os ataques e notícias falsas tinha sido uma pequena demonstração do que me aguardava na campanha e, se fosse eleita, no mandato.

OCUPANDO A POLÍTICA

Quando contei à minha mãe e ao meu irmão que iria me candidatar, eles me alertaram que os ataques pelos quais havíamos passado só piorariam se eu optasse por esse caminho e que, por isso, se preocupavam comigo. Apesar disso, não me pediram para voltar atrás. Eles não foram grandes entusiastas da minha candidatura, e levou semanas para que a minha mãe começasse a participar de algumas ações da campanha. Já meu irmão resolveu se envolver o mínimo possível. Com o tempo, entendi que essa era a forma de lidarem com algo que os assustava e que nunca tinha sido parte da nossa realidade.

Ao dizer para as pessoas que iria coordenar a minha campanha, a Laiz ouviu muitas vezes que eu não tinha a menor chance. Alguém chegou a dizer que eu só seria eleita por um milagre, ao que ela, muito confiante, respondeu que acreditava em milagres. Se quem estava fora da política achava que seria muito difícil alguém como eu ser eleita, quem era desse meio tinha certeza. Uma das minhas maiores dificuldades era convencer os dirigentes do partido de que eu tinha alguma chance e que, portanto, a minha candidatura deveria ser levada a sério.

Um episódio que me marcou foi quando, em uma reunião com um dos dirigentes do PDT, a Laiz conseguiu ver uma planilha com os nomes de todos os candidatos. O meu nome só aparecia lá no finalzinho da lista, com uma expectativa de 5 mil votos. No campo da profissão, eles tinham escrito "blogueira". Eu estava longe de ser uma influenciadora digital, e a Laiz ficou tão indignada com isso que ignorou a baixa projeção de votos e pediu que corrigissem a informação profissional imediatamente. Quando perguntaram o que deveriam pôr no lugar, ela respondeu que eu era cientista política e ativista pela educação. Dias depois, em uma outra discussão com o mesmo dirigente, ele deu a entender, mais uma vez, que as urnas mostrariam que aquele não era o nosso lugar.

Para além do fato de eu ser mulher e jovem, algo que chocava muito as pessoas era que eu acreditava, e ainda acredito, que é, sim, possível ser eleito fazendo uma campanha honesta. Em uma conversa com outra pessoa do partido, a Laiz ficou por horas dizendo que não, nós não iríamos comprar o apoio de lideranças, não prometeríamos emendas parlamentares — que são uma parte do orçamento federal que deputados e senadores podem destinar para prefeituras e ONGs —, e que faríamos a nossa campanha de uma forma diferente. No final da conversa, ele perguntou se tinha entendido corretamente e se a gente queria "entrar para o puteiro que é a política e, ainda assim, permanecer puras". A Laiz respondeu que sim e saiu da reunião.

Nós sabíamos que seria difícil encontrar pessoas que tivessem experiência com campanhas eleitorais e topassem fazer uma campanha diferente como a minha, mas logo descobrimos que seria igualmente difícil convencer gente de fora da política a trabalhar conosco. Isso por causa do preconceito — em parte justificado, diga-se de passagem — que nós temos contra a política e os políticos. Na tentativa de receber uma proposta de uma empresa de comunicação com a qual já havia trabalhado antes, a Laiz não conseguiu sequer uma reunião. A aversão à política fez com que muitos amigos e pessoas próximas se recusassem a me apoiar publicamente, e que tantas outras insinuassem que o fato de eu querer me candidatar fazia de mim uma pessoa desonesta ou interesseira. O que as pessoas não percebem é que, ao se recusarem a apoiar qualquer candidato, inclusive aqueles que estão fazendo as coisas do jeito certo, acabam favorecendo os maus políticos, que, no final das contas, são os grandes responsáveis pela raiva que elas sentem. No entanto, com o tempo, alguns amigos mostraram que estavam dispostos não apenas a me apoiar publicamente, como também a deixar de procurar um emprego ou a abandonar um já existente porque acreditavam em mim e no projeto que eu estava construindo.

O Daniel Martínez, meu namorado na época, foi uma dessas pessoas. Graduado em Harvard e com um mundo de possibilidades à sua frente, deixou projetos pessoais de lado para me apoiar. Ele coordenou a construção das minhas propostas e a nossa frente de mobilização, pesquisando sobre as campanhas mais inovadoras do mundo e se desdobrando em mil para utilizar as melhores ferramentas e estratégias de mobilização existentes. Depois da eleição, começaram a usar o fato de o Daniel ter trabalhado comigo para me atacar, com mentiras que diziam que ele nunca havia trabalhado na campanha, que havia sido remunerado indevidamente ou que não havia prestado contas de todos os serviços que entregou. Quanto mais a realidade era distorcida por pessoas que queriam me intimidar, mais eu me lembrava de que, especialmente no início da campanha, com raras exceções, eu pude contar apenas com meus amigos mais próximos e que eu deveria ter orgulho e não vergonha do apoio deles.

Dos amigos que abraçaram a minha candidatura e aceitaram o desafio de fazer a campanha comigo, muitos eram da minha comunidade e me conheciam havia muitos anos. Entre essas pessoas, estava a Vânia Rodrigues, ex-aluna de escola pública que havia se formado com muito esforço e uma bolsa de estudos da Educafro — organização que trabalha pela inclusão de pessoas negras e pobres no ensino superior —, professora de português em uma escola estadual e coordenadora do coral das crianças da nossa paróquia junto com o meu irmão. Estava também a Stefani Martins, que, mesmo sendo muito nova — ela havia se formado no ensino médio fazia apenas três anos —, já tinha enfrentado muitas dificuldades e preconceitos e, com muita garra, vem mostrando que uma mulher periférica, negra e bissexual pode ser cantora, fotógrafa e o que mais ela quiser. Por mais que a minha candidatura pudesse parecer loucura para muita gente, a Vânia, a Stefani, o Edimar Mendes, o José Carlos Barbosa, o Rodrigo Amorim e tantos outros amigos tinham visto a educação mudar a minha vida e sabiam o quanto a vida deles, e de tantas outras pessoas da nossa comunidade, poderia ser completamente diferente se o nosso país fosse menos desigual e eles tivessem tido acesso a uma educação de qualidade. Por mais arriscado que fosse, todos eles decidiram trabalhar comigo porque acreditavam que, se eu fosse eleita, a nossa luta por uma educação de qualidade teria muito mais força. Algo que só descobri depois, e que me mostrou o tamanho da minha responsabilidade, é que, muito antes disso tudo acontecer, a Stefani, que não gostava de política, dizia para os amigos que só votaria se um dia eu me candidatasse. De fato, o seu primeiro voto foi em mim.

Resolvi me candidatar porque eu realmente acreditava que o nosso sonho de uma educação de qualidade para todos só poderia ser realizado por meio da política. Assim, por mais que algumas pessoas achassem que falar de educação não dava votos, para mim era óbvio que essa seria a área para a qual eu apresentaria as minhas propostas mais aprofundadas. Era muito importante que eu soubesse me posicionar com propriedade sobre os mais diferentes assuntos, e os meus estudos, os cursos do RenovaBR e do Lideranças Públicas e tudo o que eu havia aprendido conduzindo a construção da agenda do Movimento

Acredito foram fundamentais para isso. Contudo, educação era a pauta da minha vida, e esse foi o tema do qual eu mais falei durante a campanha. Os meus posicionamentos estavam longe de ser virais, mas eles se conectavam com a minha história pessoal e com tudo o que eu tinha feito até ali, e as pessoas percebiam sinceridade no que eu estava falando.

Ao longo da minha vida, o fato de ter que transitar entre mundos completamente diferentes fez com que eu aprendesse não só a conviver, mas também a dialogar e instruir-me com pessoas que tinham visões de mundo muito distintas da minha. Esse foi um aprendizado importante porque muitas pessoas precisarão se unir para que o nosso sonho de um Brasil onde todos tenham as mesmas oportunidades possa ser concretizado. Portanto, por mais polarizadas que fossem as eleições e por mais holofotes que os extremos estivessem recebendo, eu decidi que não iria passar a campanha comprando brigas com os meus oponentes, e sim falando das minhas propostas. Eu acreditava, e ainda acredito, que a boa política é feita com diálogo e construção de pontes, e não com donos da verdade que falam apenas para os seus seguidores. Mais uma vez, essas ideias não eram virais, mas eu sabia que pelo menos uma parte da população concordava comigo e que eu só precisava fazer a minha mensagem chegar até essas pessoas.

Contudo, para que as minhas propostas alcançassem o maior número possível de eleitores, eu precisaria enfrentar o fato de que, no Brasil, as campanhas políticas são, via de regra, extremamente caras, especialmente em um estado tão grande como São Paulo. Comecei a campanha sem nenhum recurso próprio e sem nenhuma garantia de que receberia qualquer apoio financeiro do partido. Por isso, estava ciente de que teria que convencer muitas pessoas a doarem para a minha campanha. Afinal de contas, eu teria que remunerar a minha equipe, além de advogados e contadores, contratar plataformas, arcar com os custos de materiais e deslocamentos, pagar o aluguel de um local para o comitê... e a lista só aumentava. O mais frustrante disso tudo era saber que, enquanto eu gastava um tempo considerável da minha campanha correndo atrás de doações, muitos dos meus concorrentes simplesmente vinham de famílias muito ricas, tinham recebido milhões de seus partidos ou até mesmo conseguido dinheiro de forma ilegal.

É muito difícil pedir uma doação e para mim essa era, de longe, a tarefa mais penosa. Quando eu finalmente tinha coragem de pedir, muitas pessoas reagiam com bastante desconfiança, pois nunca haviam feito uma doação antes, muito menos para políticos. O tempo que eu levava para convencer alguém às vezes me fazia questionar se valia a pena tanto esforço. Mas eu sempre concluía que sim, não só porque precisava daquele dinheiro, mas também porque as doações, independentemente do valor, faziam com que as pessoas se sentissem mais próximas da política.

Ao longo da campanha, participei de muitas reuniões de captação, que são encontros organizados para que alguns candidatos apresentem suas propostas a um grupo de pessoas que, teoricamente, estão dispostas a doar. Com raras exceções, os eventos em que estive eram muito formais e acabavam se tornando um debate entre vários candidatos. Nessas ocasiões, conheci pessoas bastante gentis que reconheciam quão difícil e corajosa era a decisão de se candidatar, e muitas outras que sabiam quão desigual era o Brasil e que, por isso, valorizavam a minha luta por uma educação pública de qualidade. Mas também me deparei com pessoas muito arrogantes. Na maioria das vezes, eu era a mais jovem e a única candidata mulher, além de ser a única vinda da periferia. Além disso, eu não apenas sou progressista, ou seja, acredito que devemos promover mudanças para que o mundo seja menos desigual em todos os aspectos, como estava em um partido de centro-esquerda. Com essas características, eu geralmente destoava muito do grupo de candidatos que estavam se apresentando, e algumas pessoas achavam um absurdo eu estar ali, não poupando comentários ofensivos sobre mim. Mais de uma vez ouvi que, pelas minhas ideias e pelos meus posicionamentos, "Harvard não deveria ser tão boa assim", que eu nunca teria coragem e força para "bater na mesa" e defender as minhas propostas, e até mesmo que, com toda a certeza, eu iria me corromper. Nesses momentos, eu respirava fundo e pensava que só precisava ignorar os insultos e continuar defendendo as minhas ideias. Mas nem sempre eu conseguia. Algumas vezes eu ficava vermelha e começava a falar muito rápido, em outras a minha voz embargava e eu precisava me esforçar muito para conseguir participar do evento até o final. Em determinado encontro, cheguei a ser interrompida tantas vezes que, depois da décima interrupção — eu estava contando —, disse que não tinha a menor condição de continuar aquela discussão.

Na primeira reunião da qual participei, após ter me envolvido em debates bastante acalorados, não arrecadei um centavo sequer. Eu me lembro até hoje da sensação de desânimo e da vontade de jogar tudo pelos ares. Eu nem sempre era convidada de primeira, mas quando a Laiz ficava sabendo de uma nova oportunidade, ela encontrava uma maneira de pedir que eu fosse incluída, alegando que era importante que tivessem pelo menos uma mulher entre os candidatos convidados, já que quase sempre eram todos homens. Com o tempo, fui aprendendo a falar com mais segurança e a rebater críticas e ofensas, e fui percebendo que, em todos os lugares, sem exceção, eu podia encontrar pessoas que também queriam um país mais justo. Foi assim que conheci boa parte dos maiores apoiadores da campanha, que não só decidiram doar como também acabaram se tornando grandes defensores da minha candidatura e das minhas ideias, conquistando apoio e, às vezes, doação de outras pessoas também. Aos poucos, doações de desconhecidos começaram a chegar e descobrimos que algumas pessoas estavam repassando os dados da conta da campanha sem sequer falar com a gente, a ponto de a Karina Tavares, responsável pela gestão administrativa e financeira da campanha, levar muitos dias até conseguir localizar os dados de todos os doadores para então poder fazer a nossa prestação de contas. Eu não conhecia mais da metade das pessoas que doaram para a minha campanha, e muitas eu não conheço até hoje, mas sou e serei sempre profundamente grata às mais de quatrocentas pessoas que contribuíram para que uma candidatura ética e improvável como a minha fosse possível.

A minha campanha foi financiada por centenas de pessoas, e a maior doação que recebi representou menos de 10% do financiamento total da campanha. Ainda assim, a minha eleição fez com que algumas pessoas voltassem a dizer que eu era financiada por grandes empresários e estava a serviço dos seus interesses, dessa vez difundindo mentiras sobre o financiamento não apenas dos meus estudos mas também da minha campanha. Com o tempo, aprendi que, para além da má-fé, esses ataques têm origem no machismo. Cada vez que me posiciono, algumas pessoas se apressam em apontar os supostos mandantes dos meus posicionamentos. Ao longo da minha trajetória, tive a oportunidade de conversar com vários homens poderosos — infelizmente, ainda são poucas as mulheres em posição de poder. E, independentemente de esses homens serem do mundo empresarial ou político, terem visões de mundo alinhadas à esquerda ou à direita, e terem a minha admiração ou não, nenhum deles ditou ou dita qualquer uma das minhas ações, porque, sim, mesmo sendo uma mulher jovem, eu tenho capacidade para formar as minhas próprias convicções e me guiar por elas.

Ao longo da campanha, nós continuamos nos reunindo com os dirigentes do partido, com o objetivo de convencê-los de que estávamos fazendo uma boa campanha e que eu tinha, sim, chances de ser eleita. Depois de muitas idas e vindas, mesmo com a obrigação de que 30% dos recursos partidários destinados a campanhas eleitorais fossem para as candidaturas femininas, Ciro Gomes, candidato à Presidência pelo partido e quem eu havia conhecido na Brazil Conference, teve que intervir para que o partido apoiasse a minha candidatura. Ainda assim, recebi um valor muito menor do que o concedido a vários candidatos homens em São Paulo, que representou menos de 10% do financiamento total da campanha.

Enquanto houvesse pessoas com quem pudesse conversar, eu sabia que precisava estar na rua. No comecinho, não sabíamos exatamente o que fazer ou para onde ir. Mas isso logo mudou, e não era raro eu sair de casa enquanto ainda estava escuro e chegar depois da meia-noite. Nós íamos para terminais de ônibus e metrô, para as avenidas mais movimentadas, para feiras, universidades e praças. Fomos para 38 cidades, do litoral e do interior do estado, e para todos os cantos da capital. Um dos lugares do qual tenho mais lembranças é a região da 25 de Março, que eu e meu irmão conhecemos desde pequenos, pois é lá que minha mãe sempre comprou os tecidos e materiais necessários para fazer os bordados. Eu era ignorada pelas pessoas com tanta frequência que comecei a compartilhar a minha frustração com alguns dos rapazes que panfletavam por ali. Eles custavam a acreditar que a candidata era eu mesma e, quando viam que era verdade, achavam tão inusitado que se comprometiam a me ajudar.

Os 52 dias de campanha foram pesados. Eu dormia muito pouco, e o cansaço ocasionou um episódio bastante assustador de paralisia do sono, uma paralisia momentânea do corpo logo depois que você acorda. Ou seja, seus olhos estão abertos, mas você não está completamente acordado e não consegue se mexer. Durante a paralisia, é comum que a pessoa tenha alucinações, que podem ser muito apavorantes. A última vez que isso tinha acontecido comigo fazia anos, quando eu ainda estava no ensino médio. Nesse dia, eu ia participar de uma conversa que estudantes e professores da Unicamp estavam organizando com candidatos. Como chegamos cedo e eu estava exausta, estacionamos o carro e ficamos dentro tirando um cochilo. Quando acordei, comecei a ver umas sombras roxas e pretas bastante sinistras, e devo ter percebido o que estava acontecendo, porque comecei a respirar bem forte para que os outros me ouvissem. A Fabiana Novello, que me acompanhou durante toda a campanha enquanto o Ricardo Novaes nos levava para cima e para baixo, estava no banco da frente e virou para trás assustada. Quando ela bateu na minha perna, acordei gritando, e todo mundo saiu correndo do carro. Eles sabiam que eu estava muito cansada e que aquele dia, 28 de agosto, era especialmente difícil porque era a data de aniversário do meu pai, então ficaram comigo enquanto eu chorava sentada na calçada. Quando o susto passou, me arrumei e fui falar com os estudantes e professores que me aguardavam.

No decorrer da campanha, ouvi todo tipo de piadas machistas, mas teve um dia em particular em que senti muito medo. Eu tinha ido a uma feira com o objetivo de conversar com as pessoas, mas, por alguma razão, o lugar estava bastante vazio. Assim que cheguei, alguns homens começaram a fazer piadas muito pesadas. Fiquei com tanto medo que saí correndo para encontrar o pessoal que tinha ido comigo e pedi para irmos embora. Ao longo daquele dia, eu senti muita raiva, pois eles tinham conseguido que eu desistisse do que havia ido fazer ali, que era falar das minhas propostas. Depois desse episódio, eu nunca mais fiquei sozinha durante a campanha, mas pensava constantemente quão errado era que eu tivesse que estar com outras pessoas para me sentir segura, ainda que eu estivesse em uma feira durante o dia.

As pessoas que trabalharam comigo durante a campanha eram em sua maioria mulheres, o que causava estranhamento e fazia com que algumas pessoas acreditassem que poderíamos ser facilmente passadas para trás. Além disso, era comum que as integrantes da minha equipe vissem homens olhando suas redes sociais e tirando a aliança do dedo enquanto faziam reuniões com elas, ouvissem piadas completamente inaceitáveis e fossem convidadas para sair nos contextos mais inapropriados possíveis. No entanto, foi um acontecimento em particular que nos fez decidir que as mulheres do nosso time só fariam reuniões em lugares públicos, sobretudo se estivessem sozinhas. Em uma reunião com duas integrantes da nossa equipe, o coordenador da campanha de um candidato a deputado estadual e um outro membro do partido mostraram planilhas com valores absurdos e começaram a dizer que nós tínhamos a obrigação de apoiá-los. Elas disseram que não tínhamos como fazer isso, ao que eles começaram a falar alto e em tom ameaçador. Quando elas conseguiram sair da reunião, me ligaram assustadas. É comum que candidatos a deputado federal e estadual trabalhem em conjunto e, nesse caso, o candidato a deputado federal é quem costuma pagar pelas despesas, mas isso não justificava a maneira covarde por meio da qual eles haviam tentado nos intimidar. Assim que soube da situação, telefonei para o candidato, mas ele simplesmente disse que não sabia do ocorrido e que sentia muito. O mais provável é que ele estivesse mentindo, mas nós tínhamos medo de denunciar o que tinha acontecido e sofrer alguma retaliação do partido. Por mais revoltante que isso fosse, mais uma vez, decidimos seguir em frente.

Ao mesmo tempo que a campanha foi dura, ela também me permitiu ver o que havia de melhor nas pessoas. Nesse período, a Zahra, que continuou sendo minha melhor amiga mesmo depois da nossa formatura, foi novamente um dos meus maiores alicerces. Mesmo sem falar uma palavra de português, ela literalmente cruzou oceanos para estar ao meu lado. Enquanto estava aqui, me acompanhou, tentou ajudar usando o Google Tradutor e, sempre que possível, me fazia rir. Eu nunca vou esquecer da cara que ela fazia quando alguém tentava lhe perguntar qualquer coisa na rua. Como ela não entendia absolutamente nada do que estavam dizendo, ela só entregava um panfleto e sorria.

Ao longo da campanha, alguns voluntários e amigos se dispuseram a abrir sua casa para que eu pudesse me apresentar e falar dos meus projetos para seus vizinhos, amigos e familiares. Foram vários encontros e, não importava quão simples a casa fosse, essas pessoas sempre tinham um bolo e um café para oferecer. Dois desses encontros me marcaram de um modo muito especial. O primeiro deles foi na casa da Gisa, uma grande amiga da igreja que mora bem pertinho da gente. Ela foi uma das voluntárias mais entusiasmadas da minha campanha e chamou nossos vizinhos e alguns amigos da igreja para que eu conversasse com eles na garagem da sua casa. Eu conhecia quase todo mundo que estava ali e, mais do que isso, aquelas pessoas tinham me visto crescer. Durante a minha fala, me emocionei várias vezes, porque percebi que eu estava ali, em grande parte, por causa deles.

Um outro encontro marcante foi em São Vicente, na casa do José Antônio da Cruz, mais conhecido como Tony, companheiro da minha mãe. Ele chamou todos os vizinhos e amigos dele para a sua garagem e me pediu que contasse quem eu era e por que eles deveriam me apoiar. O Tony acredita tanto no poder transformador da política que era contagiante ver o quanto ele queria que eu fosse eleita. Ele foi a primeira pessoa a colocar um adesivo da minha campanha em seu carro, e ainda convenceu uma pessoa muito importante, a minha mãe, a ir para a rua me ajudar nas últimas semanas da campanha. O Tony é de Tobias Barreto, Sergipe, e mora há muitos anos em São Vicente, no litoral paulista, onde trabalha como técnico mecânico. Talvez por ter sido criado em uma cidade relativamente menor, que vive a política de uma forma muito mais próxima do que as periferias das grandes cidades, ele tenta acompanhar o que acontece em Brasília e tem um interesse por política que nunca tivemos na minha casa. Ele foi um dos voluntários mais engajados da campanha, e não apenas falava de mim e me defendia sempre que podia, como também sempre dizia para a minha mãe que o que eu estava fazendo era importante.

Ao lado da minha equipe, os voluntários foram os principais responsáveis por termos feito uma campanha tão bonita. Nós construímos uma rede de milhares de pessoas, muitas das quais nunca tinham ouvido falar de mim e outras tantas que até hoje eu não tive a oportunidade de conhecer pessoalmente. Essas pessoas chegavam até nós pelas redes sociais ou por indicação de amigos. Sempre que possível, a gente organizava treinamentos com os voluntários que iam chegando, para que eles pudessem conhecer a fundo as nossas propostas. Os treinamentos aconteciam quase sempre à noite, pois essas pessoas estavam doando parte do pouco tempo livre que tinham. Era muito bonito e motivador ver que elas faziam isso porque compartilhavam muitos dos sonhos que eu tinha para o país.

Uma das coisas que pedíamos aos nossos voluntários era que criassem grupos de WhatsApp — nos quais, todos os dias, eles adicionavam novas pessoas. Uma parte da minha equipe ficava responsável por enviar materiais para os grupos e tirar todas as dúvidas que surgiam. No final da campanha, nós tínhamos criado uma rede de cerca de 5 mil pessoas. Algo que eu só aprendi recentemente, mas que me pareceu uma feliz coincidência, é que as pessoas acreditam que multiplicar o número de voluntários por cinquenta seja uma boa maneira de estimar quantos votos um candidato terá. Se eu tivesse feito essa conta no final da campanha, eu teria chegado em 250 mil votos, o que está bem perto dos 264 450 votos que recebi.

Participei de muitos debates e rodas de conversa, mas uma das atividades mais gostosas da campanha foi uma caminhada que fizemos pelo bairro onde cresci. Eu nunca tinha visto um comitê político no meu bairro, então me pareceu muito simbólico que um dos meus dois comitês fosse na Vila Missionária, a duas quadras da minha casa. No feriado de Sete de Setembro, dia da Independência do Brasil, faltando exatamente um mês para o dia das eleições, eu saí caminhando pelo bairro com minha mãe e o Tony, minha equipe, nossos voluntários e várias pessoas da minha comunidade. O sentimento de alegria era tão forte que algumas pessoas pulavam e cantavam. Foi nessa caminhada que inventamos várias estrofes com o meu número eleitoral, já que eu não tinha um jingle de campanha. A dona Rita, uma grande amiga da igreja, foi puxando a caminhada comigo e era uma das pessoas que cantavam com mais força as estrofes que a gente ia inventando.

Foi na 25 de Março que, já no finalzinho da campanha, eu pensei pela primeira vez que nós estávamos fazendo um bom trabalho e que, pelo menos, eu não passaria vergonha. Lembro como se fosse ontem de andar com minha equipe pela região apenas quatro dias antes das eleições. Eu tinha acabado de tomar uma injeção e alguns remédios, porque estava com uma infecção na garganta e onze aftas que, literalmente, me faziam babar toda vez que eu tentava falar. Enquanto panfletava e tentava conversar com as pessoas, a gente ia puxando uma pequena caixa de som que tocava sem parar "Por que não? Por que não?", trecho da música "Alegria, alegria" que uma amiga DJ, a Gardennia Bonatto, havia remixado para mim com a autorização do Caetano Veloso. Semanas antes, era raro encontrar alguém que soubesse quem eu era. Mas, naquele dia, muitas pessoas me reconheceram e pararam para falar comigo na ladeira Porto Geral.

O último dia da campanha foi um dos mais estranhos de toda a minha vida. Nós começamos às sete e meia da manhã e só paramos às dez da noite, horário oficial de encerramento da campanha eleitoral. Ao longo do dia, passamos por quinze pontos da cidade de São Paulo e, até hoje, eu não sei dizer o que exatamente senti naquela data, pois era uma mistura muito grande de sentimentos. Às dez da noite, eu, minha mãe e o Tony pegamos os materiais que haviam sobrado e fomos para casa. Por mais que estivesse exausta, fazia muito tempo que eu não ia para casa tão cedo, e não parava de me questionar se tínhamos feito o suficiente. Estava aliviada por tudo aquilo estar chegando ao fim, mas também sentia um pouco de melancolia, pois já não restava mais nada a ser feito.

Se a noite anterior tinha sido estranha, o dia 7 de outubro, data das eleições, foi ainda pior. Eu literalmente não tinha nada para fazer, a não ser esperar, e dava para sentir o clima de tensão que havia ocupado minha casa. Nós tomamos café da manhã, assistimos à missa e então eu e minha mãe fomos votar. Eu voto em uma escola municipal que fica no final da minha rua, e o cenário perto da escola era desesperador. Mesmo sendo proibido, dezenas de pessoas entregavam santinhos e a gente quase não via o chão de tantos panfletos que haviam jogado. Eu sabia que isso iria acontecer, mas me deu muita raiva pensar que no dia anterior eu tinha ido para casa às dez da noite em ponto, enquanto tantos outros candidatos estavam se aproveitando da falta de fiscalização para fazer boca de urna e tentar convencer os eleitores indecisos.

Foi só quando me aproximei da sala onde eu votaria que me dei conta do medo que tinha sentido até ali de a minha foto simplesmente não aparecer na urna. Quando digitei o número eleitoral e vi a minha foto em preto e branco, desandei a chorar. Acho que foi só ali que percebi o quanto tudo aquilo era real. Eu chorei de nervoso, mas também de alegria, porque tinha dado o meu melhor e, de certa forma, carregava comigo o sentimento de dever cumprido. Quando encontrei minha mãe no corredor, vi que ela também tinha chorado.

Eu havia combinado com a minha equipe que nós nos encontraríamos em um bar para ver a apuração juntos, mas as urnas começaram a ser abertas antes de eu chegar, e meu coração disparava cada vez que o resultado era atualizado. Quem já tentou acompanhar o resultado da apuração em tempo real vai concordar que essa é uma das coisas mais angustiantes que alguém pode fazer. O site trava toda hora e fica um tempão sem atualizar, até que os números dão um salto. No bar, eu, minha mãe e meu irmão nos encontramos com boa parte da minha equipe e dos nossos voluntários, além de alguns amigos mais próximos. Os números aumentavam com rapidez, e o pessoal estava muito animado, mas eu estava tão tensa que queria esperar até que a última urna fosse aberta para poder comemorar. Passou-se um bom tempo, e a apuração não chegava aos 100%, até que todos cansaram e me mostraram que era óbvio que eu estava eleita. Desandei a chorar novamente. Eu me emociono com muita facilidade, mas nesse dia chorei por tanto tempo que até hoje brincam que eu saí de lá desidratada. Foi uma emoção tão grande que eu não conseguia dizer nada, apenas chorar e abraçar todos que se encontravam ali, muitos dos quais também estavam em lágrimas.

A campanha havia sido uma montanha-russa de sentimentos, com emoções intensas e contraditórias que, com bastante frequência, eram vividas no mesmo dia. Tinha sido uma caminhada muito longa e dura, mas também muito bonita e cheia de esperança. No dia da eleição, eu me lembrei de todas as pessoas que tinham me ajudado a chegar até ali e de todas as razões pelas quais eu havia me candidatado. Eu ainda tinha um longo caminho pela frente, mas estava feliz, pois agora teria mais condições de dar continuidade ao meu ativismo pela educação. Além disso, eu sentia que estava exatamente onde deveria estar, ocupando um lugar que, mais uma vez, tinham dito que não era para pessoas como eu. Eu fui a sexta candidata mais votada de São Paulo e a segunda mulher mais votada do Brasil. Uma jornada ainda mais intensa e dura do que a campanha estava prestes a começar.

A LUTA POR MAIS MULHERES NA POLÍTICA

Escrevi este livro entre o primeiro e o segundo ano do meu mandato. Nesse período, muitas coisas, grandes e pequenas, aconteceram e eu me perguntei algumas vezes se deveria ou não falar sobre elas. Contar da luta diária por espaço e dizer que ainda preciso provar, muitas vezes para os outros e algumas para mim mesma, que sou tão capaz e merecedora de respeito quanto os demais deputados federais. Falar que ainda estou aprendendo a lidar com as acusações sem pé nem cabeça, as mentiras que se espalham feito pólvora e as mensagens de ódio e ameaças que recebo quase todos os dias. Estamos vivendo um momento de grande polarização e isso não só representa uma ameaça à nossa democracia como faz com que qualquer opinião diferente seja combatida com ódio e mentiras, em vez de argumentos e evidências. A isso se soma a violência política de gênero, que, por meio de repetidos ataques, busca desincentivar candidaturas femininas e encurtar a trajetória política das mulheres, para que nós acreditemos que aquele não é o nosso lugar. Tudo isso me machuca e faz mal, até que percebo que esses ataques são mais uma tentativa de me calar. Ser deputada federal é, de longe, a coisa mais difícil que já fiz na minha vida, mas não há um dia em que não pense que estou exatamente onde eu queria estar, porque é realmente na política que a gente transforma o mundo.

Eu poderia contar também da nossa luta para que a educação pública seja levada a sério e possa avançar, da Comissão Externa de Acompanhamento do Ministério da Educação e do esforço de construir a primeira agenda de desenvolvimento social do Congresso. Da busca por mais dignidade, respeito e igualdade para as meninas e mulheres do país, assim como por um desenvolvimento sustentável e uma democracia mais forte e inclusiva, o que se faz especialmente necessário em um momento em que a nossa democracia é diariamente testada. Eu diria também que estou aprendendo muito com os nossos gabinetes itinerantes e com as inovações que estamos fazendo, como o gabinete compartilhado. Aqui, eu teria que falar sobre a batalha que estamos travando, no Congresso, justo com os governos estaduais e municipais e, principalmente, nas comunidades mais vulneráveis, contra o coronavírus. A pandemia está escancarando e aprofundando as nossas muitas desigualdades e, com toda a certeza, deixará marcas profundas em todos nós. Enquanto escrevo este livro, milhares de vidas já foram perdidas e muitas perguntas continuam sem respostas. A minha esperança é de que a crise sanitária e a crise socioeconômica que estamos vivendo nos forcem a fazer escolhas completamente diferentes e nos levem à construção de uma sociedade baseada na solidariedade, na valorização do conhecimento e na preservação do meio ambiente.

Como vocês podem imaginar, diante de tudo o que está acontecendo, concluí que ainda é muito cedo para escrever sobre a minha experiência como deputada federal. Afinal de contas, muitas dessas histórias estão apenas em seu início. Além disso, ao narrar o percurso que me trouxe até aqui, percebi que essa história já não era só minha. Uma das coisas que mais me motivou durante a campanha foi pensar que, se fosse eleita, eu me tornaria uma referência para outras mulheres que também quisessem trilhar esse caminho. A partir do momento em que conquistei o meu lugar na política, essa história passou a ser parte de um enredo muito maior, que não poderia ser deixado de fora, o da ocupação da política pelas mulheres. O caminho que me levou a me candidatar e ser eleita deputada federal fez muito mais sentido quando entendi que ele se somava a muitas outras trajetórias na luta das mulheres pelo nosso lugar na política.

Para poder me candidatar e ser eleita, tive que superar muitos obstáculos. Alguns deles, enfrentei por ser jovem, outros por não ser do meio político nem de família rica, mas a maioria foi por eu ser mulher. Quando comecei a dizer que ainda precisamos lutar para que as mulheres tenham seu lugar na política, muitas pessoas apontaram como uma contradição o fato de eu ter sido eleita, dando a entender que, se eu havia conseguido, o caminho estava aberto para outras mulheres também. Nada mais longe da verdade. A trajetória que me levou para a política é completamente fora do comum, pois tive oportunidades das quais muitas pessoas nunca ouviram falar e cheguei muito longe para quem vem de onde eu venho. Ainda assim, demorei a acreditar que a política fosse para mim e, quando finalmente decidi me candidatar, encontrei barreiras que quase me fizeram desistir. Sei que esses obstáculos são ainda maiores, quando não intransponíveis, para pessoas que partem de lugares muito mais distantes do que eu. A participação política, que deveria ser um direito básico e universal, ainda é negada a uma grande parte da população, com raras exceções.

Quando as mulheres não podem participar plenamente da política, nós temos uma democracia que não só desconsidera milhões de trajetórias, experiências e visões de mundo, como também políticos que, na prática, acabam trabalhando apenas para alguns e não para todos. Quando fui eleita, entendi que o meu sonho de um Brasil mais justo, com oportunidades iguais para todos, nunca seria possível enquanto a política, o lugar a partir do qual nós temos mais chances de combater a desigualdade, não fosse para todos nós, para todas nós. Mais uma vez no meu percurso, eu poderia ter muito orgulho de ser a primeira da minha comunidade a conquistar aquele lugar, mas não poderia me aquietar enquanto fosse a única. Não bastava provar para aquela senhora, que me abordou bem no comecinho da campanha pedindo um comprovante, que eu era mesmo candidata. Eu tinha que trabalhar para que todas nós pudéssemos, de fato, ser. Além disso, os meus estudos começaram a me mostrar que, se as mulheres estivessem realmente representadas na política, o mundo seria um lugar muito melhor. E ele seria melhor para todos, não apenas para as mulheres — por isso que essa batalha deve ser dos homens também.

Pesquisas conduzidas mundo afora já demonstraram que uma maior participação das mulheres na política acarreta melhora nos índices sociais, econômicos e de combate à corrupção. As mulheres, de modo geral, trabalham de maneira mais colaborativa e suprapartidária,[1] e alguns estudos mais recentes apontam que uma maior presença feminina na política não só abre mais espaço para pautas relacionadas aos direitos das mulheres[2] — como discussões sobre igualdade salarial e o fim da violência de gênero —, como também contribui para uma maior saúde da população,[3] e para a diminuição de pequenas e grandes corrupções.[4] Se pensarmos bem, os resultados dessas pesquisas não deveriam surpreender. Afinal de contas, elevamos, e muito, o nível de competição das eleições e a qualidade dos mandatos quando metade da população pode participar, de fato, da vida pública.

Falando de evidências científicas, é em uma pesquisa feita na Índia que encontro minha maior inspiração. Um estudo[5] comparando 495 vilas no país mostrou que a eleição de lideranças políticas femininas teve um impacto marcante em adolescentes e suas famílias, fazendo com que as meninas dedicassem menos tempo a afazeres domésticos, melhorassem seu desempenho educacional e, o mais importante, tivessem aspirações de carreira mais próximas às dos meninos. O estudo foi conduzido por professoras do MIT, da Northwestern University e da Harvard Kennedy School e por uma economista do FMI em Bengala Ocidental, um estado do leste da Índia, onde um terço das posições dos conselhos locais é reservado aleatoriamente para mulheres desde 1998. Um dos pontos mais interessantes dessa pesquisa é que ela mostra que esses efeitos só surgem depois de as vilas terem passado a ser lideradas por mulheres por pelo menos dois mandatos, porque leva tempo para a população mudar sua opinião sobre a capacidade das mulheres de serem boas governantes. Com o passar do tempo, porém, as pessoas deixam o preconceito de lado, veem que as mulheres podem sim ser boas líderes e aumentam suas expectativas em relação às meninas. Representatividade importa, e é na política que isso fica mais evidente: ao verem mulheres liderando suas cidades, estados e países, as meninas podem de fato acreditar que o lugar delas é onde elas quiserem. Nós devolvemos às nossas meninas o direito de sonhar.

Contudo, se não fizermos mais do que estamos fazendo hoje, essa mudança pode levar muito tempo. De acordo com o Fórum Econômico Mundial, com o ritmo atual, levaremos 95 anos para alcançarmos a igualdade de gênero na representação política em nível global. E, no Brasil, podemos levar ainda mais tempo. De acordo com o Global Gender Gap Report 2020, relatório do Fórum Econômico Mundial sobre as desigualdades de gênero, o Brasil ocupa a 104ª posição no ranking de empoderamento político das mulheres quando comparado a outros 152 países.

Antes de falarmos sobre o que podemos fazer para ampliar a participação feminina na política, é importante entendermos o que já foi feito até aqui. Desde 1995, o Brasil possui legislação que prevê cotas eleitorais, que são a reserva de um percentual das candidaturas em eleições proporcionais para as mulheres. Contudo, foi apenas com a lei nº 12 034, de 29 de setembro de 2009, que essas cotas se tornaram obrigatórias, fazendo com que, nas eleições para as casas legislativas, haja no mínimo 30% e no máximo 70% de candidaturas de cada gênero nas listas de candidatos apresentadas pelos partidos.

Em 2018, tivemos outra conquista importante.

Após o Supremo Tribunal Federal (STF) ter decidido que 30% do Fundo Partidário deveria ir para candidaturas femininas, um grupo de deputadas e senadoras pediu que o Tribunal Superior Eleitoral (TSE) definisse o patamar mínimo do Fundo Especial de Financiamento de Campanha (FEFC) a ser destinado para as campanhas de mulheres. O TSE decidiu, então, que a porcentagem de recursos repassada do FEFC para candidaturas femininas deve ser proporcional ao número de candidaturas, ou seja, deve ser de pelo menos 30%, o que também vale para a propaganda no rádio e na televisão durante o período eleitoral.

Mais recentemente, no dia 19 de maio de 2020, o TSE decidiu por unanimidade que a reserva de gênero nas eleições deve ser aplicada também nas disputas internas dos partidos, o que deve contribuir para uma maior participação feminina na direção das legendas.

Mesmo com essas conquistas, enquanto somos 51% da população brasileira, apenas 15% das cadeiras no Congresso e 12% das prefeituras são ocupadas por mulheres, o que demonstra que ainda há um longo caminho a ser percorrido.

Muitas pessoas vêm se debruçando sobre o que podemos fazer, na prática, para aumentar a participação das mulheres na política, e esses estudos mostram que a maneira mais efetiva de alcançar uma democracia inclusiva para as mulheres é elegendo mais mulheres. Essa constatação pode ser um pouco frustrante, mas não poderia ser diferente. É apenas com mais mulheres eleitas que mostraremos para todos que política é, sim, coisa de mulher. Mais importante ainda, somente com mais mulheres na política nossas meninas crescerão tendo esse caminho como um sonho possível. Mas como atingir esse objetivo? Um estudo feito pelo Comitê Permanente sobre o Estatuto da Mulher da Câmara dos Comuns do Canadá aponta alguns caminhos.

De acordo com o relatório "Elect Her: A Roadmap for Improving the Representation of Women in Canadian Politics" [Eleja-a: Um roteiro para melhorar a representação das mulheres na política canadense], é importante falar sobre o machismo e a violência política de gênero, e eu espero que este livro contribua para essa discussão. No entanto, precisamos ir além. Uma das primeiras recomendações do relatório é a criação de escolas de campanhas não partidárias, que conectem candidatas com mentores e redes de contatos. O intuito é torná-las mais confiantes e ajudá-las a criar estratégias de enfrentamento ao machismo, de arrecadação de recursos e de comunicação com os eleitores.

O relatório também traz a importância do contato com políticos já eleitos, pois, ao conhecerem pessoas que trilharam um caminho parecido, as futuras candidatas terão mais chances de se ver na política. Esse contato faz com que elas se sintam menos sozinhas e mais confiantes, além de possibilitar o aprendizado de habilidades importantes para uma eleição. Outra conclusão do relatório aponta para uma realidade que vivi na pele: as mulheres precisam ser questionadas diversas vezes até que se convençam de sua candidatura. Aqui, cada um de nós tem o importante papel de encorajar as mulheres ao nosso redor a se candidatarem. Se você acredita que uma conhecida sua seria uma excelente política, você deve provocá-la muitas vezes, até que ela também se veja nesse lugar. Além disso, é necessário pressionar os partidos políticos para que comecem a recrutar, formar e dar espaço e visibilidade para as muitas mulheres que já são líderes em suas comunidades, ONGs e empresas, mesmo que ainda não façam parte da política partidária. Para além da pressão que cada um de nós pode exercer, o relatório sugere a criação de incentivos para que os partidos sejam mais inclusivos. Uma inovação que surgiu em alguns países é a oferta de incentivos financeiros para que as legendas aumentem a representação das mulheres na política eleitoral. Se o número de mulheres eleitas tiver um peso maior do que o número de homens na distribuição dos fundos partidário e eleitoral, por exemplo, os partidos buscarão mulheres competitivas para compor suas listas eleitorais. Essa discussão já começou, inclusive, na nossa Câmara dos Deputados.

Uma outra decisão que mudou completamente a história da participação feminina na política em diversos países foi a criação de cotas, ou reserva de cadeiras, nos próprios parlamentos. Essa é uma das maneiras mais rápidas de combater os estereótipos e preconceitos e aumentar a inclusão das mulheres na política. Quarenta e dois por cento dos países têm algum tipo de cota de gênero obrigatória, e a criação de cotas aumentou a participação das mulheres na política na França, no México, na Nova Zelândia, na Espanha e em Ruanda, sendo este último caso o mais emblemático.

Como parte do esforço de recuperação de Ruanda[6] após o genocídio, uma nova Constituição foi escrita e ratificada em 2003, a qual criou uma exigência de que as mulheres ocupassem pelo menos 30% dos assentos políticos. Hoje, as mulheres representam 62% da legislatura nacional, muito mais, proporcionalmente, do que qualquer outro país. Isso se deve, em grande parte, ao grupo suprapartidário Fórum Parlamentar das Mulheres de Ruanda, que desenvolveu uma estratégia segundo a qual legisladoras veteranas concorrem pelas cadeiras abertas e as novas candidatas pelos lugares reservados. O Fórum foi também um dos maiores responsáveis pela elaboração e aprovação de legislações de combate à violência.

A discussão sobre a criação de cotas de gênero no Congresso brasileiro ainda enfrenta muita resistência, tanto de uma parte considerável dos parlamentares homens como da sociedade. Aqui, é fundamental nos aprofundarmos nas experiências de outros países e deixarmos os nossos preconceitos e achismos de lado ao participar desse debate.

A certeza de que a plena participação das mulheres na política vai contribuir para a construção de uma sociedade mais justa, desenvolvida e ética e a inquietude que sinto quando penso que talvez eu não viva para ver essa mudança acontecer me levaram a querer fazer um pouco mais. Foi por isso que, ainda no meu primeiro ano de mandato, decidi criar o Vamos Juntas, uma mobilização suprapartidária para elegermos mais mulheres, começando pelas eleições de 2020. O principal objetivo do Vamos Juntas é apoiar mulheres, das mais diferentes origens e idades, que toparam o desafio de se candidatar para um determinado cargo eleitoral pela primeira vez. As selecionadas para participar do projeto vêm das cinco regiões do país. Aproximadamente metade delas é negra e algumas são pessoas com deficiência, enquanto outras são lésbicas ou bissexuais e duas são transexuais. Nós mulheres somos diversas, e essa diversidade, inclusive de ideias, precisa estar representada na política. Em comum, elas têm histórias muito inspiradoras, que caberiam em muitos outros livros, trajetórias marcadas por muita luta e uma vontade enorme de transformar o nosso país. Mesmo que algumas ainda não tivessem se dado conta disso, as mais de cinquenta mulheres que selecionamos para participar do Vamos Juntas, sem nenhuma exceção, antes de decidirem se candidatar, já haviam liderado mudanças importantes em suas comunidades, ONGs e empresas.

No Vamos Juntas, nós estamos construindo uma rede de embaixadores, homens e mulheres, que acreditam nessa luta e estão nos ajudando a espalhar a mensagem de que ter mais mulheres na política será bom para todo mundo. Estamos reunindo também uma rede de voluntários que se dispuseram a apoiar futuras candidatas aos cargos de vereadora e prefeita no país inteiro, além de profissionais como psicólogos, que, sem cobrar pelos serviços, estão apoiando aquelas que mais precisam. Além de conectar as futuras candidatas com essa rede cada vez maior de apoiadores, nós estamos firmando parcerias para garantir que elas tenham acesso a cursos que não só as preparem para as campanhas eleitorais, mas que também as ajudem em seu desenvolvimento pessoal. Um outro componente essencial do projeto é a mentoria, que põe em contato políticos eleitos, como senadores, deputados federais e estaduais, além de líderes de destaque do setor privado e da sociedade civil, com cada uma dessas mulheres. Ao longo da minha vida, eu tive diversos mentores, que contribuíram, e muito, para o meu desenvolvimento. Um exemplo é a Claudia Costin, professora universitária na FGV-RJ e em Harvard e uma grande referência em políticas educacionais, que é minha mentora já há muitos anos. Como bem pontuou o relatório do Comitê Permanente sobre o Estatuto da Mulher da Câmara dos Comuns do Canadá, é muito importante que as futuras candidatas se vejam nesse lugar e aprendam maneiras de lidar com as muitas barreiras que ainda existem. O que nós queremos, com o Vamos Juntas, é que essas mulheres se sintam menos sozinhas e mais preparadas para, de fato, ocuparem a política.

Todos nós, homens e mulheres, podemos contribuir para que não seja preciso esperar gerações inteiras até que as mulheres tenham, de fato, voz e vez na política. Todos podemos pressionar os partidos para que sejam mais éticos, democráticos, transparentes e inclusivos, assim como os parlamentares para que aprovem legislações que tornem a nossa política mais representativa. Podemos também incentivar as mulheres líderes que conhecemos a participarem da política eleitoral e, quando elas decidirem se candidatar, podemos ser seus maiores apoiadores. E — por que não? — podemos votar em candidatas mulheres, mesmo que tenhamos que nos esforçar um pouco mais para encontrar uma candidata que, talvez por ter menos espaço e recursos, não tenha pedido o nosso voto diretamente.

Por mais que a candidatura não seja a única forma de participação política, ela é uma das mais potentes. Por isso, eu gostaria de direcionar os últimos parágrafos deste livro àquelas mulheres que cogitam ou já resolveram atuar de modo mais direto, se candidatando. Abaixo estão algumas sugestões que, de certa forma, resumem o que eu aprendi refletindo sobre a minha experiência e ouvindo outras candidatas. Mais do que um manual, espero que elas sejam um ponto de partida para aquelas mulheres que, mesmo que de forma tímida, já questionaram se a política não seria o seu lugar:

1. A sua trajetória política deve começar antes do seu ingresso na política formal. Os políticos que eu mais admiro começaram o seu ativismo muito antes de se candidatarem, lutando por condições mais dignas para seus bairros e comunidades, provocando discussões importantes com a difusão de suas ideias, ou promovendo mudanças relevantes enquanto lideravam diferentes instituições. Ou seja, eles nunca se aquietaram ou esperaram estar, de fato, na política para começarem a mudar aquilo que os incomodava.

2. O partido ao qual você decidir se filiar precisa não só ser alinhado à sua visão de mundo, mas também estar disposto a ser mais conectado à sociedade e a tratar a sua candidatura

com seriedade. A nossa legislação exige que os candidatos estejam filiados à legenda pela qual desejam se candidatar pelo menos seis meses antes do dia da eleição. Para algumas pessoas, a escolha do partido é uma das decisões mais difíceis a serem tomadas. A maioria dos partidos não tem um programa claro, e seus posicionamentos acabam variando muito não só com o tempo, mas também de estado para estado, quando não de cidade para cidade. Dito isso, é necessário que as bandeiras das quais você não abre mão caibam naquela legenda. Outro ponto que deve ser levado em conta é que tão cruciais quanto as ideias defendidas por aquele partido são suas práticas. Antes de tomar uma decisão, eu recomendo que você faça pesquisas e converse com o maior número possível de filiados para entender se aquele partido está realmente disposto a ser ético, democrático, transparente e inclusivo. Por fim, mas não menos importante, é essencial que você entenda se aquele partido leva a sua candidatura a sério. Já nas primeiras conversas, você deve buscar saber o quanto o partido pretende apoiar a sua candidatura, seja com recursos, seja com espaço, seja com visibilidade.

3. Depois da sua filiação, é fundamental que você acompanhe a convenção do seu partido o mais de perto possível, para garantir que o seu nome estará na lista de candidatos que é enviada ao TSE e que a sua legenda não apresentará nenhuma candidatura falsa. Entre o prazo de filiação e o início das campanhas eleitorais, os partidos realizam as famosas convenções, que definem a lista de candidatos que os representarão naquelas eleições. Cada legenda regulamenta, no seu estatuto, como essas convenções devem acontecer. O problema é que, na prática, a maioria dos partidos não realiza prévias, ou votações, transparentes e democráticas para a escolha dos seus candidatos. O mais comum é que os dirigentes partidários, majoritariamente homens, escolham em reuniões privadas os nomes que comporão a lista. Além disso, não é raro que os partidos busquem burlar a legislação que determina que, para cada sete candidatos homens, as legendas precisam apresentar tam-

bém pelo menos três candidaturas femininas. Alguns líderes partidários alegam que essa obrigatoriedade os impede de apresentar todos os seus candidatos homens, já que, segundo eles, é muito difícil encontrar candidatas mulheres. Por isso, é nessa etapa que, infelizmente, muitos partidos inscrevem candidaturas femininas falsas, as famigeradas laranjas, assim como candidaturas de pouquíssima expressão, como é o caso de funcionárias do partido que aceitam se candidatar para "ajudar" o grupo. Hoje, existe um entendimento de que, se ficar comprovado que um partido apresentou uma candidatura-laranja, todas as candidaturas daquela legenda serão cassadas. Essa é uma das muitas razões pelas quais é importante acompanhar o processo de definição de candidatos com muito cuidado.

4. Há muito a ser mudado nos partidos para que as mulheres tenham as mesmas chances na disputa eleitoral, e a minha sugestão é que você se una àqueles que também querem um partido mais conectado à sociedade e se empenhe, de fato, na construção dessa mudança.

Existe muita gente séria nas mais variadas legendas, e, se você se dispuser a dedicar todo o esforço e tempo necessários, é possível que consiga pressionar o partido para que ele seja mais aberto às demandas da população. Por mais árduo que esse trabalho possa ser, se ele der certo, com certeza contribuirá, e muito, para o fortalecimento da nossa democracia.

5. Durante a campanha, você deve comunicar com muita clareza não só as razões pelas quais decidiu se candidatar, como também quais as bandeiras que vai defender, caso seja eleita. É muito importante que esses dois fatores estejam conectados com o seu percurso até ali. Como eu disse na primeira sugestão, acredito que a candidatura deve ser uma oportunidade de amplificar uma luta anterior. Pode acreditar quando eu digo que os eleitores conseguem perceber quando as ideias que um candidato defende são muito mais do que palavras bonitas, porque são coerentes com a sua atuação e são ditas com muita propriedade e sinceridade.

6. As mensagens que você vai transmitir durante a campanha precisam sempre contar uma história. Tão importante quanto saber por que você quer estar na política e quais são as causas que te movem é saber como comunicar as suas ideias. Dados são extremamente importantes, e eu espero que, cada vez mais, políticas públicas sejam debatidas, construídas e implementadas com base em evidências, mas não podemos esquecer que o que toca as pessoas são histórias. A melhor forma de se comunicar e de mobilizar pessoas em torno de ideias é por meio de narrativas. Quando nós contamos como as ideias que defendemos se conectam com a nossa trajetória, quando mostramos de que modo vidas serão impactadas por aquelas propostas e quando descrevemos como será a cidade, o estado ou o país que queremos construir, é muito mais provável que as pessoas queiram se engajar.

7. É muito importante que você passe todo o tempo que puder com pessoas, seja pedindo doações, recrutando, formando e mobilizando voluntários, ou pedindo o voto dos eleito-

res. Eu acredito que a política deve ser feita olho no olho, e na campanha não pode ser diferente. As redes sociais são muito importantes para que nossas propostas cheguem a mais gente, mas é fundamental que, durante a campanha, você esteja na rua o maior tempo possível. Aqui, é importante reconhecer que o isolamento social ainda tão necessário para o enfrentamento ao coronavírus provavelmente imporá desafios extras para quem decidir se candidatar nas próximas eleições. No entanto, muitas das sugestões que trago aqui podem ser implementadas se as diferentes ferramentas tecnológicas forem usadas para, ao invés de afastar as pessoas, como vinha acontecendo, aproximar quem, hoje, precisa estar fisicamente distante. Em algumas ocasiões, ligações e chamadas de vídeo, por exemplo, podem ser uma melhor opção do que posicionamentos genéricos em redes sociais. Dito isso, se eu tivesse que fazer uma divisão simplista, diria que um terço do tempo deve ser gasto pedindo o voto das pessoas. Algo que pode parecer óbvio, mas nem sempre é lembrado, é que você pode e deve começar pelos seus familiares e amigos. Faça uma lista para ter certeza de que não está deixando ninguém de fora e ligue para essas pessoas para pedir o apoio delas. Um segundo terço do tempo deve ser gasto com os voluntários da campanha. Alguns deles serão pessoas próximas, enquanto outros serão pessoas que a ouviram falar em um debate ou gostaram das propostas que viram nas suas redes sociais. O mais importante é que eles sejam acolhidos, recebam treinamentos, que podem ser virtuais ou presenciais, tenham acesso aos seus materiais, recebam instruções e tenham suporte durante toda a campanha. Por fim, a não ser que você tenha muito dinheiro ou o apoio financeiro do seu partido garantido, o último terço da campanha deve ser gasto pedindo doações. Essa é uma das partes mais árduas do processo, mas também uma das mais importantes. O primeiro passo é garantir doações das pessoas que te conhecem, por menores que sejam os valores. O segundo é estudar casos de vaquinhas on-line que deram certo e replicar as boas práticas. O terceiro é participar do maior número possível de encontros de arrecadação, mesmo que você tenha que deixar a vergonha de lado e organizá-los você mesma ou pedir para ser incluída em eventos para os quais você não foi convidada.

Eu sei que, para algumas mulheres, o caminho a ser percorrido é ainda mais longo e alguns dos obstáculos podem parecer intransponíveis. Nós ainda precisamos ultrapassar muitas barreiras para termos o nosso direito à participação política plenamente garantido. Mas nós devemos persistir na ideia de que a política deve, sim, ser um lugar para todos. Muitas mulheres batalharam para que não estivesse escrito que a política não era para elas. Hoje, a nossa batalha deve ser para que a política seja, de fato, para todos e todas. Precisamos lutar não só pelo nosso direito de sonhar, mas também para que, finalmente, o nosso gênero, a nossa origem, o fato de termos ou não uma deficiência, a cor da nossa pele ou a nossa orientação sexual já não determinem o tamanho dos nossos sonhos. Por todos os homens e mulheres que insistem em querer mudar o mundo e por todos os meninos e meninas que ainda virão, nós temos que seguir lutando. E uma coisa eu garanto: nessa luta, ninguém estará sozinho. Vamos juntos e juntas?

AGRADECIMENTOS

Enquanto eu escrevia este livro, minha mãe foi uma das minhas maiores fontes de inspiração e motivação. Ela ainda acha que eu estudo e trabalho demais, e ocasionalmente reclamava quando me via adentrando madrugadas e fins de semana escrevendo. Ainda assim, não poupou esforços, especialmente diante da preocupação e da quantidade de trabalho adicionais que vieram com a pandemia, para que eu não desanimasse. Foram inúmeros pratos de comida trazidos por ela e pelo Tony enquanto eu trabalhava, além de um domingo inteiro em que minha mãe ouviu atentamente enquanto eu lia uma das últimas versões do livro. Quando me via angustiada, ela me dizia para confiar em Deus que daria tudo certo. Junto com a minha tia Edite, ela me contou detalhes que eu desconhecia, me relembrou acontecimentos que, por causa da dor que causaram, eu havia apagado da minha memória, e me deu muitas sugestões sinceras.

Afinal de contas, como ela mesma disse, eu estava contando a nossa história.

Mesmo já não estando aqui, meu pai também foi uma grande fonte de inspiração e motivação neste processo. Ele era apaixonado pelos livros, levava sempre um caderno consigo, onde escrevia reflexões sobre o que via e sentia, e dizia com frequência que, enquanto vivos, todos deveríamos plantar uma árvore, ter um filho e escrever um livro. Trabalhar no meu primeiro livro fez com que, nos últimos meses, eu pensasse nele todos os dias, ciente de que ele estava orgulhoso de mim e que, lá de cima, continua me acompanhando.

Contar a minha trajetória até aqui me fez lembrar, com muito carinho e gratidão, de todos aqueles que, ao longo do caminho, me incentivaram e apoiaram na busca pelos meus sonhos. Os meus professores e mentores me ensinaram que a educação é um instrumento poderoso de transformação, que poderia mudar não apenas o meu futuro, mas o de uma geração inteira. Os parceiros que eu encontrei no Projeto VOA! e nos movimentos Mapa Educação e Acredito foram muito importantes para que eu pudesse trilhar o percurso que me levou a ver a política como um lugar de transformação. Os voluntários, membros da equipe e todos aqueles que acreditaram na minha campanha, entre eles os meus eleitores, foram fundamentais para que, hoje, eu possa atuar com ainda mais força pelo nosso sonho de um Brasil onde todos tenham as mesmas oportunidades. De forma similar, o meu time e todos aqueles que apoiam o meu mandato são os grandes responsáveis por estarmos conseguindo enfrentar os inúmeros desafios que surgem dia após dia, reafirmando a nossa luta por uma política que esteja a serviço de todos e todas.

Foram muitos os amigos que me ajudaram a concluir este projeto. Alana Portes, Claudia Costin, Cristiano Vilela, João Lucas Leal, Karina Tavares, Laiz Soares, Larissa Alfino, Ligia Stocche, Luiza Facchina, Marcela Molina, Marina Gattás, Stefani Martins, Talita Nascimento e Vânia Rodrigues, muito obrigada por lerem os meus rascunhos, pelas sugestões sinceras e por me incentivarem a continuar. Augusta Carneiro, muito obrigada por ter lido todas as versões deste livro — vou sempre me lembrar com muito carinho do dia em que ficamos sentadas no chão rodeadas de pedaços de papel tentando descobrir a melhor ordem para os parágrafos de um capítulo. João Campos, muito obrigada por ter acreditado neste projeto desde o início e por ter me ouvido com tanta paciência nas inúmeras vezes em que li trechos do livro em voz alta para que você me ajudasse a encontrar a melhor palavra para uma frase.

Ricardo Teperman e todo o time da Companhia das Letras, muito obrigada por terem acreditado neste livro antes mesmo que ele fosse uma realidade e por terem compartilhado o conhecimento e a experiência de vocês comigo com tanta generosidade. Foi uma honra e um grande aprendizado trabalhar com vocês.

Por fim, o meu muito obrigada a todas as mulheres que lutaram para que eu pudesse, hoje, ocupar o meu lugar na política, assim como a todas as mulheres que, por insistirem em fazer do mundo um lugar melhor, me inspiram todos os dias a também fazer um pouco mais.

NOTAS

A LUTA POR MAIS MULHERES NA POLÍTICA [pp. 153-79]

1 Alice H. Eagly e Blair T. Johnson, "Gender and Leadership Style: A Meta-Analysis". *CHIP Documents*, Storrs, n. 11, pp. 233-56, 1990. Disponível em: <https://opencommons.uconn.edu/chip_docs/11>.

2 Lena Wängnerud, "Women in Parliaments: Descriptive and Substantive Representation". *Annual Review of Political Science*, Birmingham, v. 12, pp. 51-69, 2009. Disponível em: <https://www.annualreviews.org/doi/abs/10.1146/annurev.polisci.11.053106.123839>.

3 Edwin Ng e Carles Muntaner, "The Effect of Women in Government on Population Health: An Ecological Analysis among Canadian Provinces, 1976-2009". *SSM Population Health*, Oxford, v. 6, pp. 141-8, 2018. Disponível em: <https://www.sciencedirect.com/science/article/pii/S2352827318300132?via%3Dihub>.

4 Monika Bauhr, Nicholas Charron e Lena Wängnerud, "Close the Political Gender Gap to Reduce Corruption". *U4 Brief*, Bergen, n. 3, 2018. Disponível em: <https://www.u4.no/publications/close-the-political-gender-gap-to-reduce-corruption>.

5 Lori Beaman, Esther Duflo, Rohini Pande e Petia Topalova, "Female Leadership Raises Aspirations and Educational Attainment for Girls: A Policy Experiment in India". *Science*, Washington, v. 335, n. 6068, pp. 582-6, 2012. Disponível em: <https://www.ncbi.nlm.nih.gov/pmc/articles/PMC3394179/>.

6 Kennedy Elliott, "Rwanda's Legislature Is Majority Female. Here's How it Happened". *National Geographic*, Washington, 15 out. 2019. Disponível em: <https://www.nationalgeographic.com/culture/2019/10/graphic-shows-women-representation-in-government-around-the-world-feature/>.

SOBRE A AUTORA

Tabata Amaral cresceu na Vila Missionária, na periferia de São Paulo. No ensino médio, representou o Brasil em cinco olimpíadas internacionais de ciências. Formou-se em ciência política e astrofísica pela Universidade Harvard, nos Estados Unidos, com bolsa integral. É ativista pela educação, colunista da *Folha de S.Paulo* e cofundadora do Projeto VOA! e dos movimentos Mapa Educação, Acredito e Vamos Juntas. Em 2018, aos 24 anos, foi eleita deputada federal, sendo a sexta deputada mais votada de São Paulo e a segunda mulher mais votada do Brasil. Em seu primeiro ano de mandato, recebeu o prêmio Congresso em Foco de melhor deputada. Foi eleita também uma das cem jovens lideranças que estão mudando o mundo pela revista *Time* e uma das cem mulheres mais influentes do mundo pela BBC.

1ª EDIÇÃO [2020] 4 reimpressões

ESTA OBRA FOI COMPOSTA PELA SPRESS EM ELECTRA E IMPRESSA
EM OFSETE PELA GRÁFICA BARTIRA SOBRE PAPEL PÓLEN BOLD DA
SUZANO S.A. PARA A EDITORA SCHWARCZ EM JUNHO DE 2022

A marca FSC® é a garantia de que a madeira utilizada na fabricação do papel deste livro provém de florestas que foram gerenciadas de maneira ambientalmente correta, socialmente justa e economicamente viável, além de outras fontes de origem controlada.